PAPER BATTLES & DIORAMAS 008

PLAY THE NAVAL BATTLE OF LEPANTO 1571

GIOCA A WARGAME ALLA BATTAGLIA DI LEPANTO 1571

LUCA STEFANO CRISTINI - GIANPAOLO BISTULFI

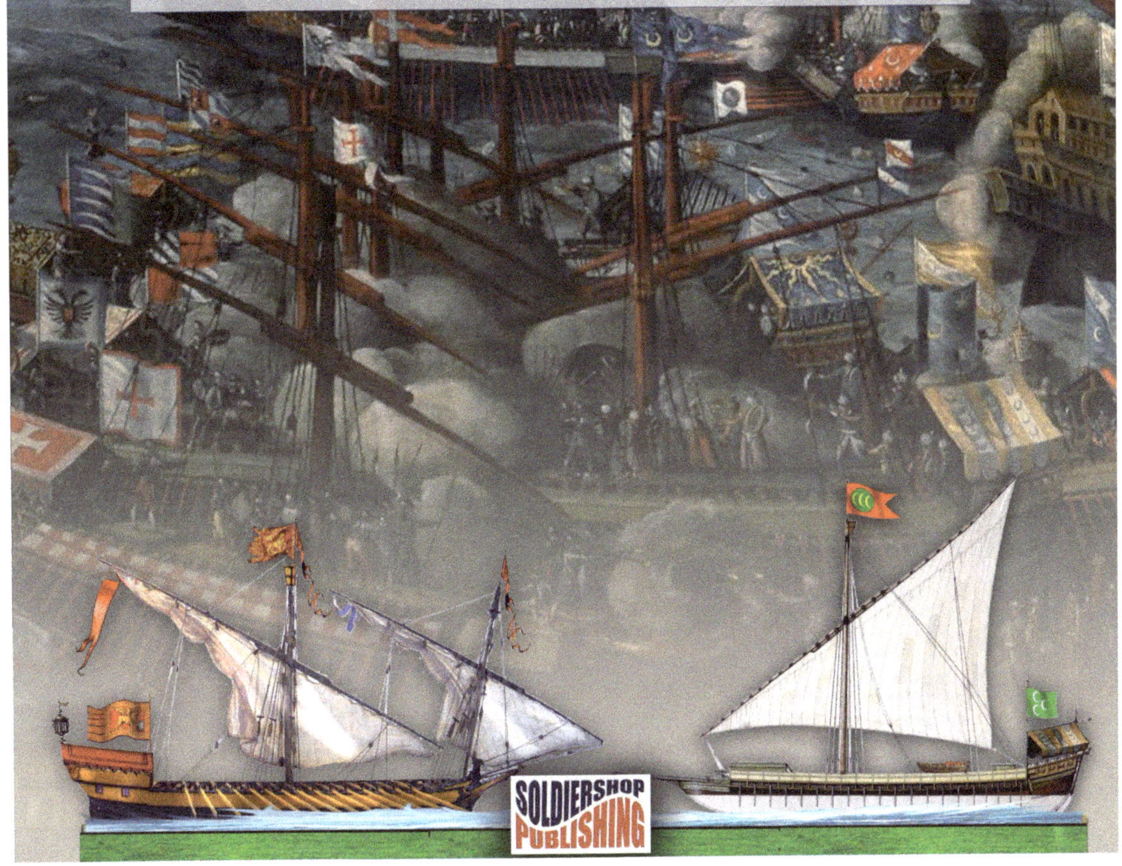

SOLDIERSHOP PUBLISHING

AUTHORS

Luca Stefano Cristini has edited various publications on ancient and contemporary historical themes, including a great work on five volumes about the Thirty Years War and many others on Medieval and Napoleonic period, as well as several illustrated books with historical color photographs. He's also in charge for all the brands of Soldiershop Publishing.

Luca Stefano Cristini, storico e divulgatore da sempre di storia militare. Ha diretto per diversi anni riviste nazionali specializzate di carattere storico e uniformologico. Ha pubblicato un importante lavoro, recentemente ristampato su 5 volumi, dedicato alla Guerra dei 30 anni (1618-1648), il primo mai stampato in Italia sull'argomento. L'autore ha oggi al suo attivo molti titoli delle collane Soldiershop, Bookmoon e Museum sia in qualità di autore che di illustratore.

Gianpaolo Bistulfi was born in Milan where he lives and works. He has always had a passion for drawing and painting. In 1987, he discovered the world of flat soldiers, virtually unknown in Italy. Gianpaolo has dedicated himself to making the world of flats known in Italy: he has created a very extensive website on the subject; he has written and still writes articles for specialized magazines in Italy, Germany and England; he has collaborated in the publication of some books, providing photos of the figures of his wide collection of flat figures. His collection is one of the most important in the world.

Gianpaolo Bistulfi è nato a Milano dove risiede e lavora. Laureato in Ingegneria elettrotecnica al Politecnico di Milano, ha sempre avuto una passione per il disegno e la pittura. Nel 1987, scopre il mondo dei soldatini piatti, all'epoca poco conosciuti in Italia. In breve diventa uno dei massimi artisti di riferimento mondiale nella colorazione e raccolta di soldatini piatti. La sua collezione è da annoverare fra le più grandi del mondo. Ha contatti con tutto il gotha di artisti e produttori di zinnfiguren e gestisce un blog molto seguito.

PUBLISHING'S NOTE

No part of our book may be reproduced in any format without the expressed written permission of Luca Cristini Editore (Soldiershop.com), other than for personal hobby use. The publisher remains at disposal of the possible having right for all the doubtful sources images or not identifies.

ACKNOWLEDGEMENT - RICONOSCIMENTI:

A special acknowledgement goes to the greatest Italian historian and unreachable divulger Alessandro Barbero, for the generous words he spent in his beautiful introduction of which we are particularly proud. Prof. Barbero, as is well known, was also the author of a wonderful and extensive essay on the battle of Lepanto, a historical episode of which he has explored every detail, every secret, giving us a magnificent reconstruction of the events of that distant Sunday of 7 October 1571...

Uno speciale ringraziamento va ad Alessandro Barbero, grande storico italiano e inarrivabile divulgatore, per le generose parole che ha speso nella sua introduzione di cui siamo particolarmente fieri. Il prof. Barbero come è noto, è stato anche l'autore di uno stupendo e corposo saggio sulla battaglia di Lepanto, episodio storico di cui ha sviscerato ogni particolare, ogni segreto, restituendoci da par suo una magnifica ricostruzione degli avvenimenti di quella lontana domenica del 7 ottobre 1571...Libro imperdibile che consigliamo vivamente a tutti!

Title: **Play the naval battle of Lepanto 1571 - Gioca a wargame alla battaglia di Lepanto 1571**
By Luca Stefano Cristini & Gianpaolo Bistulfi
Serie Paper Battles&Dioramas edit by Luca S. Cristini. First edition by Soldiershop series. December 2020
Cover & Art Design: Luca S. Cristini. ISBN code: 978-88-93276634
Published by Luca Cristini Editore, via Orio 35/4- 24050 Zanica (BG) ITALY. www.soldiershop.com
In front cover image of the battle paint by Angel Garcia Pinto

PLAY THE NAVAL BATTLE OF LEPANTO 1571
GIOCA A WARGAME ALLA BATTAGLIA DI LEPANTO 1571

Having in my hands the books of this series created by Luca Stefano Cristini and Gianpaolo Bistulfi makes me go straight back to childhood. At that time of fairytale—we are talking about the Sixties—when the paper toy soldiers were only ones published by the Corriere dei Piccoli, drawn (but I would have discovered this as an adult) by Sergio Toppi, Giancarlo Francesconi and even Dino Battaglia; published with parsimony, so much that the release of every issue that contained the toy soldiers was an emotion that I still remember now. I played with them for years, with those toy soldiers glued onto the light cardboard of old folders, not so carefully cut out (bayonets and plumes were always the first to fall); then you grow up, or so you think, and relegate these passions to childhood memories, until you wake up in a world where a large number of adults share them and continue to practice them, collect toy soldiers, and play with them, and discover that it was not a closed page. But in the meantime I had learned another way to play toy soldiers: by becoming a military historian, doing research and writing the history of great battles. And a few years ago I discovered the Battle of Lepanto: discovered in the sense that, doing our job, it happens to discover that an event of which you knew of its existence but were never the least bit interested is, instead, exciting, so exciting that you have to dedicate a few years of your life to it. The greatest naval battle fought in the Mediterranean in the last two thousand years, a resounding victory for the fleet of the Holy League that united Venice, Spain and the Pope against the Ottoman enemy, a battle that was anything but decisive (it is useful to remember that that war, fought for the possession of Cyprus, was finally won by the Turks) but remained forever in the collective memory, so much that it is even today dusted off as a war cry of fundamentalist groups. And instead, looking at it more closely, it is an emblematic battle of that fratricidal war, more than a clash of civilisations, fought for centuries between the two shores of the Mediterranean, between governments that preached the annihilation of the damned infidels—using exactly the same language, on one side and the other—and a society and an economy in which people moved, traded and mixed. Just look at the Ottoman and Christian galleys in the splendid plates of this book, born from the same technology, from the same civilization; identical if not for the flags waving on the mast. Splendid plates, yes: perhaps too much? I am afraid that when they have to be cut out, the flags will be the first to fall; and then the galleys will really be identical.

Alessandro Barbero

Avere fra le mani i libri di questa collana creata dall'amico Luca Stefano Cristini e da Gianpaolo Bistulfi mi fa tornare dritto all'infanzia. A quell'epoca di fiaba —parliamo degli anni Sessanta— in cui i soldatini di carta erano solo quelli pubblicati dal Corriere dei Piccoli, disegnati (ma questo lo avrei scoperto da adulto) da Giancarlo Francesconi e addirittura dai mitici Sergio Toppi e Dino Battaglia; pubblicati con parsimonia, tanto che l'uscita di ogni numero che conteneva i soldatini era un'emozione che mi ricordo ancora adesso. Ci ho giocato per anni, con quei soldatini incollati sul cartoncino leggero di vecchie cartelline, ritagliati mica tanto con cura (baionette e pennacchi erano sempre i primi a cadere); poi si diventa grandi, o almeno così si crede, e si relegano queste passioni fra i ricordi d'infanzia - finché ti risvegli in un mondo in cui un gran numero di adulti le condivide e continua a praticarle, a collezionare soldatini, e a giocarci, e scopri che non era una pagina chiusa. Ma io nel frattempo avevo imparato un altro modo di giocare a soldatini: diventando uno storico militare, facendo ricerca e scrivendo la storia delle grandi battaglie. E qualche anno fa ho scoperto la battaglia di Lepanto: scoperto nel senso in cui, facendo il nostro mestiere, capita di scoprire che un avvenimento di cui conoscevi l'esistenza ma non ti eri mai minimamente interessato è, invece, appassionante, così appassionante che devi dedicarci qualche anno della tua vita. La più grande battaglia navale combattuta nel Mediterraneo negli ultimi duemila anni, una strepitosa vittoria per la flotta della Lega Santa che univa Venezia, la Spagna e il papa contro il nemico ottomano, una battaglia tutt'altro che decisiva (è utile ricordare che quella guerra, combattuta per il possesso di Cipro, alla fine la vinsero i turchi) ma rimasta per sempre nella memoria collettiva, tanto da essere rispolverata persino oggi come grido di guerra di gruppetti integralisti. E invece, a guardarla più da vicino, una battaglia emblematica di quella guerra fratricida, più che scontro di civiltà, combattuta per secoli fra le due sponde del Mediterraneo, fra governi che predicavano l'annientamento dei maledetti infedeli —usando esattamente lo stesso linguaggio, da una parte e dall'altra— e una società e un'economia in cui la gente invece si spostava, commerciava, si mescolava. Basta guardare le galee ottomane e quelle cristiane nelle splendide tavole di questo libro, figlie della stessa tecnologia, della stessa civiltà; identiche se non per le bandiere che sventolano sull'albero maestro. Tavole splendide, sì: forse troppo? Ho paura che quando bisognerà ritagliarle, le bandiere saranno le prime a cadere; e allora le galee saranno identiche per davvero.

Alessandro Barbero

HOW TO ASSEMBLE YOUR PAPER FLEETS AND YOUR DIORAMAS
COME MONTARE LE VOSTRE FLOTTE DI CARTA E I VOSTRI DIORAMI

In order to create the various ships of the two fleets, you can directly use our sheets, alternatively, photocopy them (only and exclusively for personal use, any other right is excluded). Our sheets have a size of 8x10 inches, (20.3 x 25.4 cm). the vessels have an average size of 50mm by 85mm. If you want to get galleys in different scale, you must either reduce them or, on the opposite, enlarge them in scale. We recommend using professional or service copiers that certainly offer better print quality. The bases that simulate the sea have a length of about 90mm and always show the name of the unit and the nation to which it belongs and sometimes even the name of its commander.
Our ship and paper soldier kits are generally easy to assemble.
We recommend using 80 or 100 grams of cardboard, not thicker otherwise you will have some difficulty when cutting, and that's the optimal weight once the glue dries. For what concerns the glue you have many possibilities, it just depends on your experiences, Vinylic, UHU or glue stick are always indicated. As you can see, our models are printed on both sides to obtain a superb result.

Per favorire la creazione delle due flotte potete utilizzare direttamente i nostri fogli o in alternativa fotocopiarli (esclusivamente per uso personale, ogni altro diritto è escluso). I nostri fogli sono nel formato 8x10 pollici (20,3 cm x 25,4 cm). Le navi hanno una dimensione media di 50mm per 85 mm. Se si vogliono ottenere galee in scala diversa da quella fornita basterà ridurre o ingrandire in scala. Consigliamo di utilizzare fotocopiatrici professionali, o service, che certamente offrono una migliore qualità di stampa. Le basi che simulano il mare hanno una lunghezza di circa 90mm e riportano sempre il nome della unità e della nazione cui appartengono. e a volte anche il nome del suo comandante.
I nostri kit di navi e soldatini sono generalmente facili da montare. Consigliamo di utilizzare cartoncini di 150/200 grammi per metro, non più spessi altrimenti sarà più complicato tagliare tutto quanto, e in ogni caso quel peso è l'ideale una volta asciugata la colla. Per quanto riguarda il collante avete molte possibilità, Vinavil, UHU o colle stick sempre pratiche. I nostri modelli sono stampati su due lati per ottenere un risultato su-

Paper sheets - I fogli coi modelli

Venetian "Galeazze" size: length 60 meter, width 10 meter and number of guns: 40
Galeazze veneziane. Dimensioni 60mmetri in lunghezza, ponte largo 10 metri con 40 cannoni

Each group is generally divided by a thin line (or not) that indicates the exact position in which the paper should be folded, perhaps with the help of a ruler, and then glued so to match the two parts, except the bases that should be folded 90 degrees outward. Once the glue is completely dry, weld the two semi-bases onto a heavier cardboard that gives the base its solidity.

Once the whole thing is fixed, we must proceed to cut the "white" parts that surround the models of ship or paper soldiers and their weapons or flags.

Use scissors or cutters for this, depending on the part you have to work with. Also remember to pay attention to the formation of units, following the instructions always given in the chapter of tactics or scenarios attached to the book. Additional labels with names of many other naval units are also provided in this book.

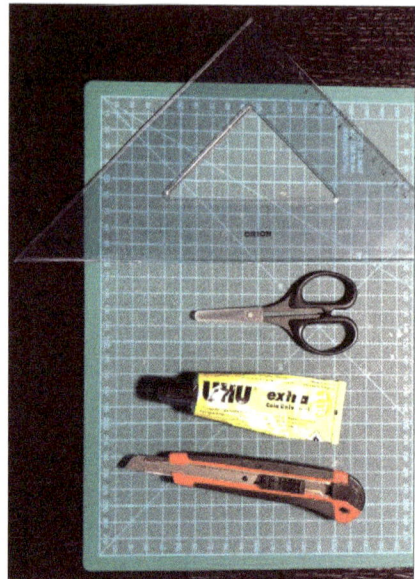

Tools & glue - Attrezzi e colla

perbo. Ogni gruppo è generalmente diviso da una sottile linea che indica l'esatta posizione in cui la carta va piegata, magari aiutandosi con un righello, e poi incollata in modo da far combaciare le due parti, ad eccezione delle basi che invece vanno piegate di 90 gradi verso l'esterno. Una volta secca la colla, saldiamo le due semi basi su un cartoncino più pesante per conferire solidità al modello finito. Una volta saldato il tutto, se volte potete anche procedere a tagliare le parti "bianche" che circondano i modelli navali e i soldatini. Oppure manteneteli cosi, titagliando solo il perimetro esterno. Utilizzate per questo lavoro forbici o cutter a seconda della pratica che avrete sviluppato. Ricordate anche di prestare attenzione alla formazione delle unità, seguendo le indicazioni fornite nel capitolo delle tattiche o degli scenari sempre allegati nel libro. In questo libro sono forniti anche etichette aggiuntive con nomi di molte altre unità navali.

▲ Detail of the forecastle of the Venetian galley. - *Particolare del castello di prua della galeazza veneziana, vera corazzata del tempo.*

Galea Ve. San Girolamo di Lesina - G.Balsi | Galea Ve. Leone di Venezia - Pietro Pisani | Galea Ve. Ruota con serpente - G.Canal

Galea Ve. Tre mani di Venezia - G.Barbarigo | Galea Ve. Angelo di Candia - Giovanni Angelo | Galea Ve. Cristo Risorto di Venezia - S.Guoro

Galea Ven. Cristo di Candia - Andrea Corner

Galea Ven. Capitana lanterna di Venezia - A. Barbarigo

Galea Ven. Fortuna di Venezia - Andrea Barbarigo

Venetian "Galleys" size: length 48 meter, width 7 meter and number of guns: 7
Galee veneziane. Dimensioni 48 metri in lunghezza, ponte largo 7 metri con 7 cannoni

WHEN OTTOMAN FORCES CLASHED WITH CHRISTIANS
LEPANTO: IL TERRIBILE SCONTRO FRA OTTOMANI E CRISTIANI

It is the dawn of a beautiful Sunday that distant 7th October 1571. The beautiful fleet of the Holy Christian League in the night lifted the anchorage of Kefalonia, and moved south into the blue Greek sea. It had the express purpose of finding and destroying the Ottoman fleet, also to avenge the terrible end suffered by Marcantonio Bragadin, commander of the Venetian garrison of Famagusta.

It was an impressive fleet for the time, and its promoter, Pope Pius V, had to overcome infinite mistrust and contrasts in order to unite under one flag the woods of the main European powers. There are 208 ships, of which more than half are Venetian: 105 galleys and six galleys under the command of 75-year-old Sebastiano Veniero! They are followed by the 79 Spanish galleys equipped by Italians with Genoese ships under the command of Andrea Doria, Neapolitan and Sicilian ships. The Christian army is completed with twelve of the Pope's ships supplied by Tuscany and the Marches, three ships of the Savoy and finally three of the Knights of Malta! In command of the fleet is twenty-three year old John of Austria, bastard son of Charles V and half-brother of the King of Spain Philip II.

For years the Ottoman Empire has been playing on the offensive in the Mediterranean theatre. Its admirals and pirates have been running far and wide for decades, often landing on the Italic coasts, plundering not only treasures and various spoils, but also young boys, destined, males to become janissaries, females to repopulate the harems of vizir and pasha!

È l'alba di una bella domenica quel lontano 7 ottobre 1571. La bella flotta della Santa Lega Cristiana nella notte ha levato l'ancoraggio di Cefalonia, e si è mossa verso sud nell'azzurro mare di Grecia. Ha lo scopo predefinito di trovare e distruggere la flotta ottomana, anche per vendicare la terribile fine subita da Marcantonio Bragadin comandante della guarnigione veneziana di Famagosta.

È una flotta imponente per l'epoca, e il suo promotore, papa Pio V, dovette superare infinite diffidenze e contrasti per riunire sotto una sola bandiera i legni delle principali potenze europee. Sono 208 navi, oltre la metà veneziane: 105 galee e sei galeazze al comando di Sebastiano Veniero di 75 anni! Seguono le 79 galee spagnole equipaggiare però da italiani con le navi genovesi al comando di Andrea Doria, navi napoletane e di Sicilia. Completano l'armata cristiana dodici navi del papa fornite dalla Toscana e dalle Marche, 3 navi della Savoia ed infine tre dei cavalieri di Malta!

Al comando della flotta è posto il ventitreenne Giovanni d'Austria, figlio bastardo di Carlo V e fratellastro del re di Spagna Filippo II.

Sono anni che l'impero ottomano gioca sull'offensiva nel teatro del Mediterraneo. I suoi ammiragli e i suoi pirati scorrazzano in lungo e in largo da decenni, spesso sbarcando sulle coste italiche facendo razzia non solo di tesori e bottini vari, ma anche di giovani fanciulli, destinati, i maschi a diventare giannizzeri, le femmine a ripopolare gli harem di vizir e pascià!

Galea Ve. Forza di Venezia - Ranieri Zen | Galea Ve. San Vittorio di Crema - E. Zurla | Galea Ve. Aquila di Corfù - Piero Bua

Galea Ve. Regina di Candia - Giovanni Barbarigo | Galea Ve. Mezza luna di Venezia - V. Vallaresso | Galea Ve. Palma di Venezia - G. Venier

Galea Ven. S. Alessandro di Bergamo - G.A. Colleoni

Galea Ven. Cristo di Candia - Andrea Corrier

Galea Ven. Capitana di Venezia - S. Venier

Galea Ven. Armellino di Candia - Marco Querini

Venetian "Galleys" size: length 48 meter, width 7 meter and number of guns: 7
Galee veneziane. Dimensioni 48 metri in lunghezza, ponte largo 7 metri con 7 cannoni

TACTICS AND GAME RULES FOR XVI C. NAVAL BATTLES
TATTICHE E REGOLE DI GIOCO PER LA BATTAGLIE NAVALI A REMI

THE NAVAL WAR IN THE 16TH CENTURY

The operative tactics in the battles between galleys were very simple: an attempt was made to spur the adversary, or to crush the oars of the enemy vessel, so as to prevent it from any movement; once immobilised, the ship was prey of the shooting of cannons and coluberines, arquebusiers and crossbowmen. When the firing guns had unloaded their ammunition, and the enemy ship was badly damaged, the actual boarding began, carried out by hooks and grapple that approached the two ships and allowed them to pass over the enemy ship with practical walkways or ropes. The boarding phase was absolute the bloodiest and most ferocious, as is also evident from the painting by Antonio Brugada shown above. Many fights ended in bloody carnage without quarter, and many of those who fell or threw themselves into the sea to escape this torment, ended up drowned pushed down by their heavy armour. The main difference between the two fleets was caused by the military support of the rowers, thanks to the Turkish lines they were almost always Christian prisoner rowers. Among the oarsmen in the Christian fleet there were many forced or slaves (at least 50%) but they also had many so-called *buonavoglia* oarsmen who did it by trade. This gave the oars of the Holy League a strategic

LA GUERRA NAVALE NEL '500

La tattica operativa nelle battaglie tra galee era assai semplice: si tentava di speronare l'avversario, o di frantumare i remi dell'imbarcazione nemica, in modo da impedirgli ogni movimento; una volta immobilizzata, la nave era preda del tiro di cannoni e colubrine, archibugieri e balestrieri avversari. Quando le armi da tiro avevano scaricato le loro munizioni, e la nave nemica era messa a mal partito, iniziava l'arrembaggio vero e proprio, effettuata tramite rampini che avvicinavano le due navi e permettevano di passare sulla nave nemica con pratiche passerelle o corde. La fase dell'abbordaggio era in assoluto la più cruenta e feroce, come ben traspare anche dal quadro di Antonio Brugada raffigurato qui sopra. Molti combattimenti terminavano in sanguinarie carneficine senza quartiere, e molti di coloro che per sfuggire a tale supplizio cadevano o si gettavano in mare, finivano affogati spinti a fondo dalle loro pesanti armature. La differenza principale fra le due flotte era causata dal supporto militare dei rematori, fra le linee turche si trattava quasi sempre di rematori cristiani prigionieri. Fra i rematori della flotta cristiana vi erano molti forzati o schiavi (almeno il 50%) ma avevano anche molti rematori detti *buonavoglia* che lo facevano per mestiere. Il che dava un vantaggio strategico

| Galea Ve. Passaro di Venezia - Nicolò Tiepolo | Galea Ve. Capitana di Venezia - Marco Querini | Galea Ve. Due leoni di Candia - N.Fradello |
| Galea Ve. Madonna di Candia - Filippo Polani | Galea Ve. Piramide di Candia - M.Sant'Uliana | Galea Ve. Nino di Venezia - Paulo Polani |

Galea Ven. San Giovanni di Venezia - Daniele Moro

Galea Ven. Cristo di Venezia - Girolamo Contarini

Galea Ven. Capitana dei mari - Giovanni d'Asti

Venetian "Galleys" size: length 48 meter, width 7 meter and number of guns: 7
Galee veneziane. Dimensioni 48 metri in lunghezza, ponte largo 7 metri con 7 cannoni

advantage over that of the Ottomans. As far as artillery was concerned, the difference was minimal, the weapons technique was not yet perfected. The cannons were arranged forward and by keel, but they were not manoeuvrable and therefore fired only in the direction of course. The artillery was generally composed of three to six pieces, per ship, many more than the six Venetian galleys present at Lepanto (which in fact made the difference).

The galleys were the real secret weapon of the battle of Lepanto. Higher than the galleys, and with numerous artilleries also placed on the walls, all the Ottoman ships were cannonized without stopping at a distance from which it was difficult to respond, and later, after being towed by lighter vehicles as they were too heavy to be easily manoeuvred alone, they were used as a sort of floating artillery island.

In any case, the Ottoman artillery of the time was generally of inferior quality. The Turks compensated for this lower quality with a greater number of woods, almost 50 more galleys.

RULES FOR THE GAME FOR THE NAVAL BATTLE WITH GALLEYS

The ships: those supplied in our book have the size of about 50mm by 85mm. If you want to obtain galleys in a different scale from the one supplied, all you need to do is reduce or enlarge the scale. The bases that simulate the sea have a length of about 90mm and always show the name of the unit and the nation to which it belongs and sometimes also the name of its captain. In addition, strips are also supplied with which it will be possible to obtain more numerous ships. The supplied soldiers are in scale 25/28 mm (1/72). They were not initially designed for the Book, but if you want to organize somehow also some boarding phases they can be useful.

Deployment: both fleets divided their ships into: centre, right wing, left wing and reserve. As can be seen in the battle map on page 14, the map also shows the division of the various galleys and their commanders. In relation to the size of your playing board put a proportional number of ships per fleet bearing in mind that the Christian fleet consisted of 206 galleys and six galleys. The Turkish-Ottoman one was made up of 216 galleys and 56 galleys (smaller species of galleys). So if each ship represents three, you will have to build 70 for the Christian fleet and 90 for the Turkish fleet. Dividing by 4, you will have 53 Christian ships and 68 Turkish.

The reserve of both was made up of smaller ships like the Turkish galleys, also the Christians had smaller galleys.

di fondo ai remi della lega Santa su quella ottomana. Per quanto riguarda l'artiglieria, la differenza era minima, la tecnica delle armi non era ancora perfezionata. I cannoni erano disposti a prora e per chiglia, ma non erano manovrabili e pertanto sparavano solo in direzione di rotta. Le artiglierie erano generalmente composte da tre a sei pezzi, per nave, molti di più sulle sei galeazze veneziane presenti a Lepanto (che infatti fecero la differenza).

le galeazze, furono la vera arma segreta della battaglia di Lepanto. Più "alte" delle galee, e con numerose artiglierie disposte anche sulle murate, cannoneggiarono senza sosta tutte le navi ottomane ad una distanza dalla quale era difficile rispondere, e successivamente dopo essere state Rimorchiate da mezzi più leggeri dato che erano troppo pesanti per essere manovrate agevolmente da solevenivano utilizzate come una sorta di isola d'artiglieria galleggiante. In ogni caso le artiglierie ottomane del tempo erano generalmente di qualità inferiore. I turchi compensarono questa minore qualità con un maggiore numero di legni, quasi 50 galee in più.

REGOLE PER IL GIOCO DELLE BATTAGLIE NAVALI CON LE GALEE

Le navi: quelle fornite nel nostro libro sono delle dimensioni che vedete, circa 50mm per 85 mm. Se si vogliono ottenere galee in scala diversa da quella fornita basterà ridurre o ingrandire in scala. Le basi che simulano il mare hanno una lunghezza di circa 90mm e riporta sempre il nome della unità e della nazione cui appartiene e a volte anche il nome del suo comandante. In più sono fornite anche strip con i quali sarà possibile ottenere navi più numerose. I soldatini forniti sono in scala 25/28 mm (1/72). Non erano inizialmente previsti per il Libro, Ma se voleste in qualche modo organizzare anche delle fasi di arrembaggio possono tornare utili.

Schieramento: entrambe le flotte divisero le loro navi in: centro, ala destra, ala sinistra e riserva. Come si può ben vedere nella mappa della battaglia a pag. 14, mappa che indica anche la suddivisione delle varie galee e dei loro comandanti. In relazione alla dimensione del vostro tavolo da gioco mettete un numero proporzionale di navi per flotta tenendo presente che la flotta cristiana era composta da 206 galee e sei galeazze. Quella turco-ottomana da 216 galee e 56 galeotte (specie di galee più piccole). Quindi se ogni nave ne rappresenta tre dovrete fabbricare 70 per la flotta cristiana e 90 per quella turca. Dividendo per 4, avrete 53 navi cristiane e 68 turche. La riserva di entrambe era costituita dalle navi più piccole come le galeotte turche, anche i cristiani avevano galee di dimensioni ridotte.

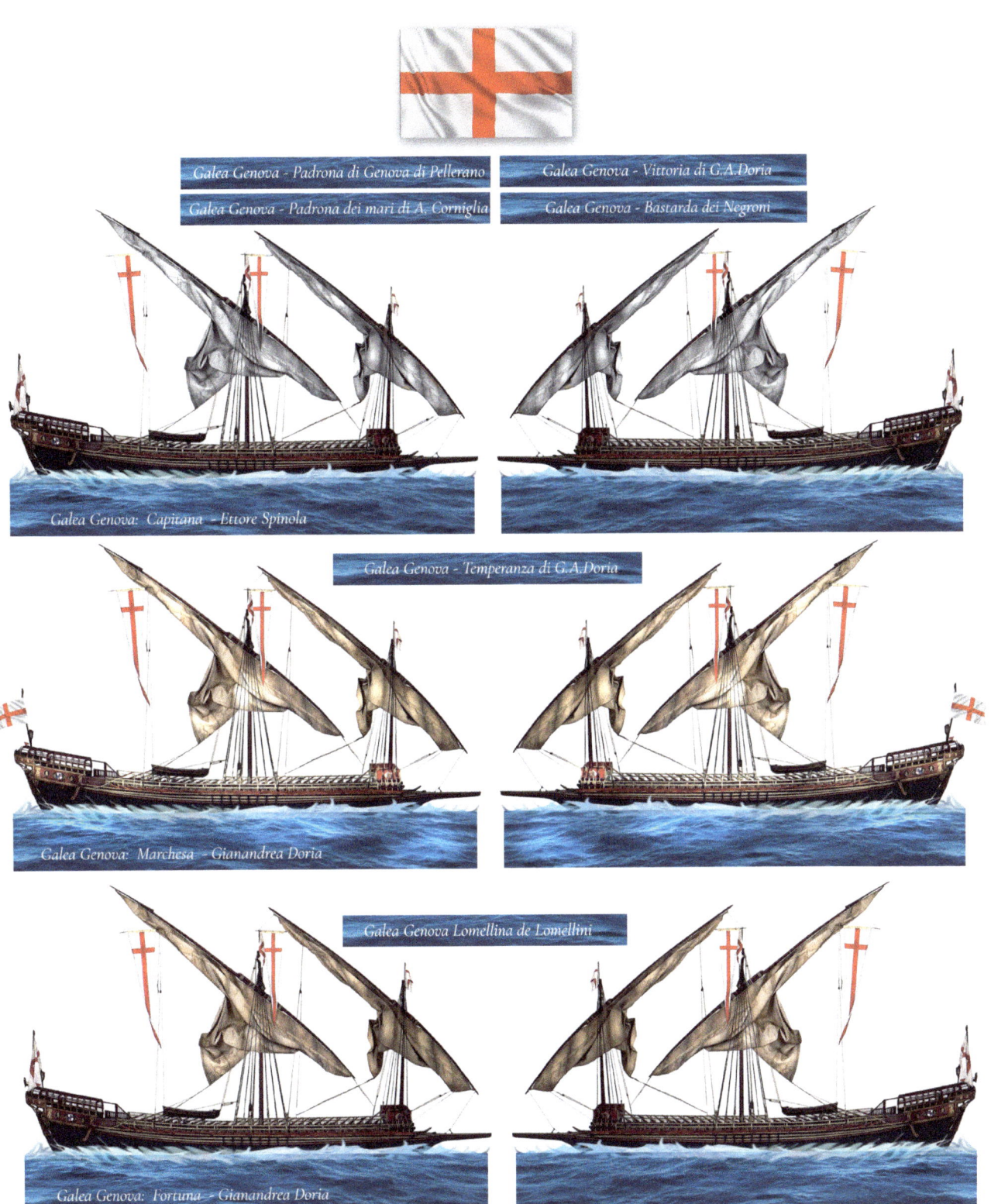

Genoese "Galleys" size: length 48 meter, width 7 meter and number of guns: 7
Galee genovesi. Dimensioni 48 metri in lunghezza, ponte largo 7 metri con 7 cannoni

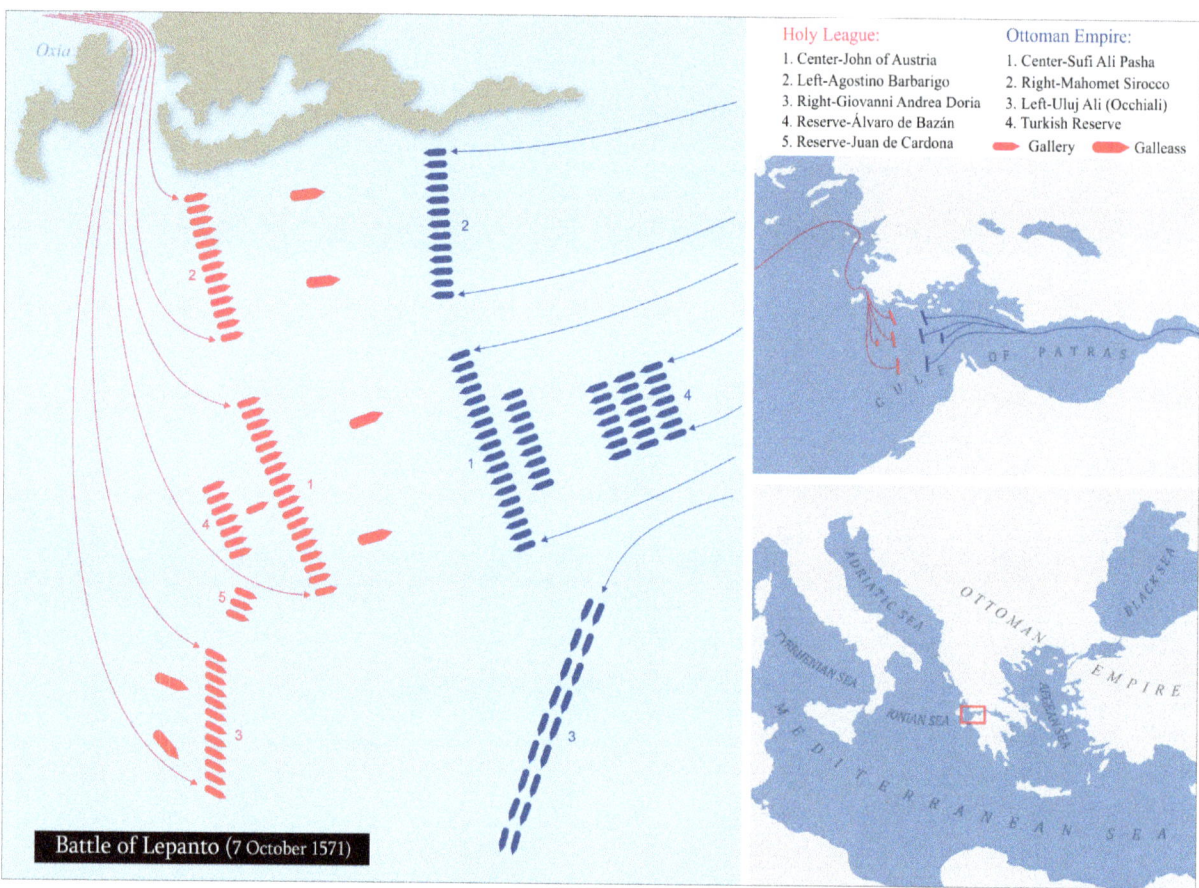

Battle of Lepanto (7 October 1571)

If you divide by 3, the formations are composed as follows:

Holy League Fleet:

Left wing: Agostino Barbarigo with one Galleass 2 Flagships 14 Galleys
Center: Don Giovanni with one Galleass 4 Flagships 17 Galleys
Right wing: Gian Andrea Doria with one Galleass 2 Flagships 15 Galleys

Turkish Fleet:
Left wing: Uluch Alì with 4 Flagships 16 Galleys
Center: Alì Pasha with 4 Flagships 24 Galleys
Right wing: Mehmet Sulik Pasha with 2 Flagships 18 Galleys

Sequence of game:
Roll of dice to know who has the right to move first. Only six-sided dice are used in the game.
1. Move and ram (A)
2. Shoot (A)
3. Grappling
4. Move and ram (B)
5. Shoot (B)
6. Grappling & Boarding actions

Se dividete per tre, le formazioni vanno cosi composte:

Flotta della Lega Santa:

Ala sinistra: Agostino Barbarigo con una galeazza, due ammiraglie e 14 galee.
Centro: Don Giovanni con una galeazza, 4 ammiraglie e 17 galee.
Ala destra: Gian Andrea Doria con una galeazza, 2 ammiraglie e 15 galee.

Flotta ottomana:

Ala sinistra: Uluch Alì con 4 ammiraglie e 16 galee
Centro: Alì Pasha con 4 ammiraglie e 24 galee
Ala destra: Mehmet Sulik Pasha con 2 ammiraglie e 24 galee

Sequenza di gioco:
Tiro di dadi per sapere chi ha diritto a muovere per primo. Nel gioco si utilizzano solo dadi a sei facce.
1. Movimento ed eventuale speronamento (A)
2. Fuoco con cannoni o archibugi (A)
3. Arrembaggio e mischia
4. Movimento ed eventuale speronamento (B)
5. Fuoco con cannoni o archibugi (B)
6. Arrembaggio e Combattimento sulle navi

Galea Savoia - Piemontese - Ottavio Moretto Galea Savoia - Margherita - Battaglino

Galea Savoia Capitana di Savoia - A.Provana

Galea Malta S.Maria della Vittoria - Capitana - P.Giustiniani

Galea Malta San Giovanni - A De Texada

Galea Malta - San Pietro - Roquelare Saint Aubin

Maltese and Savoy "Galleys" size: length 48 meter, width 7 meter and number of guns: 7
Galee maltesi e savoiarde. Dimensioni 48 mmetri in lunghezza, ponte largo 7 metri con 7 cannoni

Movement: Ships can move 6" per turn. It costs 2" of movement to turn 90 degrees or less. Ships can move backwards at half speed. Galleasses were very slow and difficult to maneuver because of their size. At Lepanto they had to be towed into position by other galleys. Galleasses can move just 2" per turn, or pivot in place by up to 90 degrees. Ships can move into contact with enemy ships in order to board them or attempt to ram them. Grappled ships cannot move.

Ramming: In order to attempt a ram a ship must move 4" straight ahead and contact an enemy ship on the side. The ship can maneuver into position before moving 4" straight ahead, but the 4" ramming run cannot include any turns. The ramming ship must contact the enemy ship on the side as defined by lines drawn at 45-degree angles from the corners of the base as seen in our plate below.

A ship that has rammed an enemy ship rolls one die and checks the Ramming Table for the results. A ship that is sunk by ramming is removed from play. Galleasses cannot ram and can't be sunk by Turkish ramming attempts.

Shooting: Galleys carried guns that were mounted on the centerline of the ship and could only fire to the front. Their arc of fire is to the front as defined by 45-degree lines from the corners of the base. Galleasses had centerline guns and also had some guns that could fire to the side. They have the same firing arc as other ships but can also fire at any ships that are in the 180-degree arc as defined by the front of their bases. All ships have a range of 12". Each ship that is not grappled to an enemy ship can fire at an enemy ship that is in range and in its arc of fire. Ships cannot shoot over or through friendly ships and they cannot fire at enemy ships that have grappled another ship. Each ship that fires rolls one die and checks the Shooting Table for the result. Galleasses roll two dice when they fire. Any enemy

Movimento: Le navi possono muoversi di 15 cm per turno. Il costo per girare di 90 gradi o meno è di 5 cm. Le navi possono muoversi all'indietro a metà velocità. Le galeazze erano molto lente e difficili da manovrare a causa delle loro dimensioni. A Lepanto dovevano essere rimorchiati in posizione dalle altre galee. Quindi le galeazze possono spostarsi di soli 5cm per turno o in alternativa ruotare in posizione fino a 90 gradi. Le navi possono muoversi a contatto con le navi nemiche per arrembare o tentare di speronarle. Le navi in lotta non possono più muoversi.

Speronamento: per tentare Uno speronamento una nave deve muovere di 10 cm in avanti e avvicinare una nave nemica sul lato. La nave può manovrare in posizione prima di muoversi in avanti, ma Questo Avvicinamento non può includere turni. la nave che sperona deve avvicinare la nave nemica solo sulle fiancate come definito nelle linee tracciate a 45 gradi nel disegno qui sotto. La nave che ha speronato una nave nemica lancia un dado e controlla i risultati della tabella speronante. Se la nave nemica viene affondato da speronamento viene rimosso dal gioco. Le galeazze non possono speronare e non possono essere affondati da tentativi di speronamento turco.

Fuoco: Le galee portavano cannoni che erano montati sulla linea centrale della nave a prua e potevano sparare solo in avanti. Il loro arco di fuoco è frontale per 45 gradi per lato destro e sinistro. Le galeazze avevano pure i cannoni al centro ma ne avevano anche sui lati. Hanno lo stesso arco di tiro delle altre navi, ma possono anche sparare a tutte le navi che si trovano nell'arco di 180 gradi (vedi tavola a pag. 17). Tutte le navi hanno una portata di 30cm. Ogni nave che non si trova sotto attacco di una nave nemica può sparare a una nave nemica che si trova a portata e nel suo arco di fuoco. Le navi non possono sparare sopra o attraverso navi amiche e non possono sparare a navi nemiche in mischia con un'altra nave. Ogni nave che spara lancia un dado e controlla il risultato sulla tabella di tiro. Le galeazze tirano sempre due dadi quando sparano. Tutte

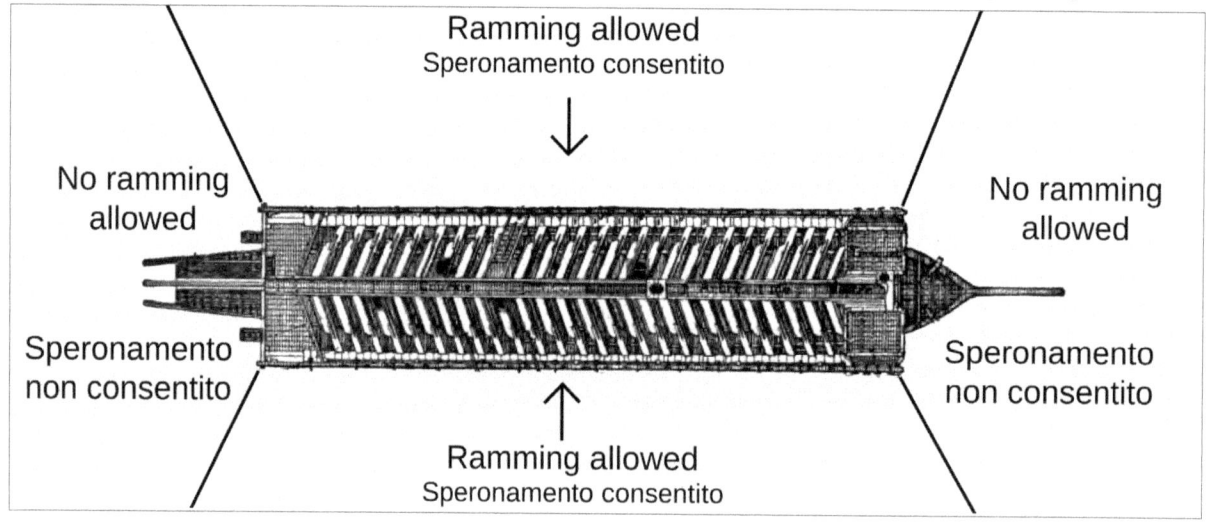

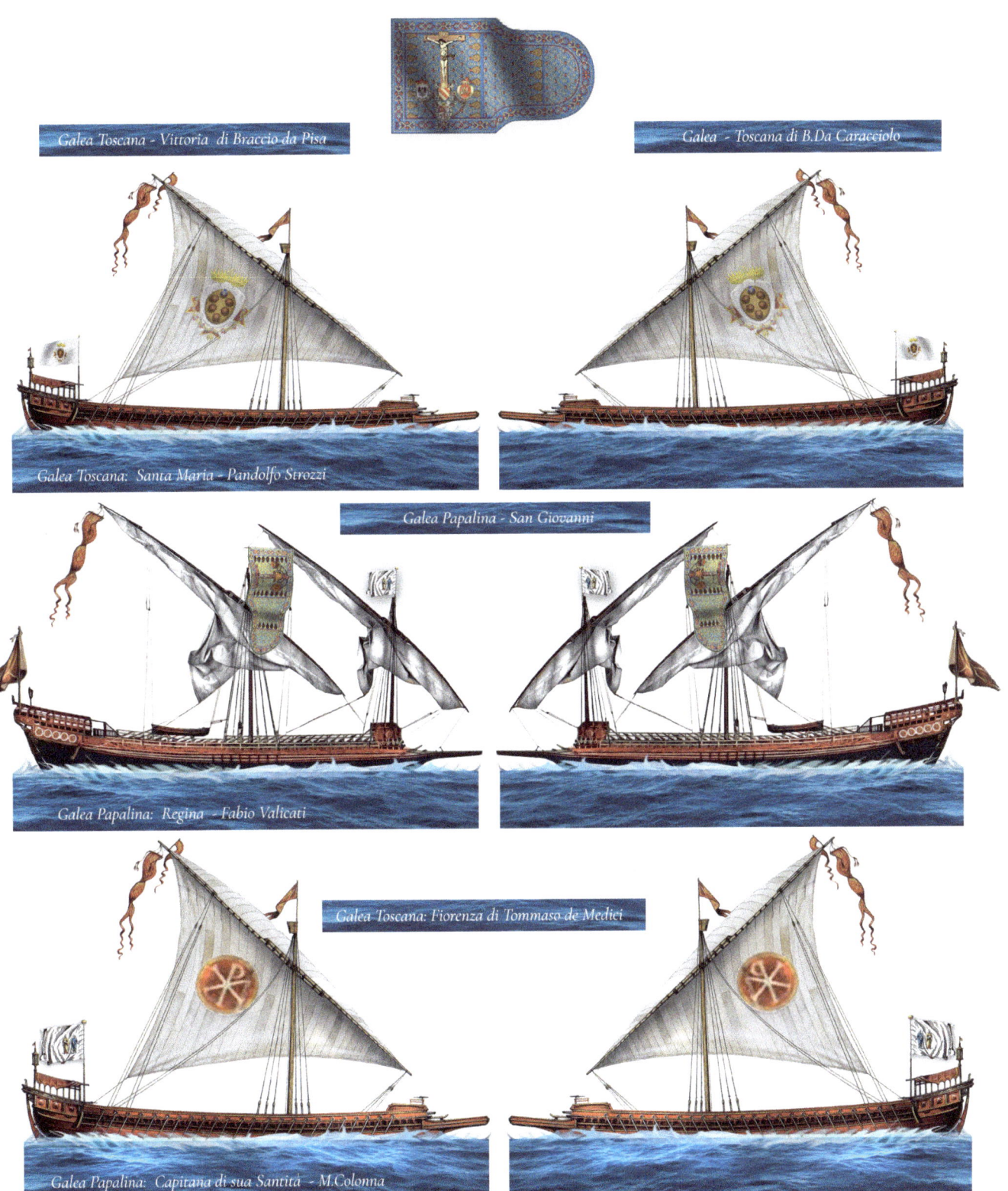

Galea Toscana - Vittoria di Braccio da Pisa
Galea - Toscana di B. Da Caracciolo
Galea Toscana: Santa Maria - Pandolfo Strozzi
Galea Papalina - San Giovanni
Galea Papalina: Regina - Fabio Valicati
Galea Toscana: Fiorenza di Tommaso de Medici
Galea Papalina: Capitana di sua Santità - M. Colonna

Papal&Tuscany "Galleys" size: length 48 meter, width 7 meter and number of guns: 7
Galee Toscane con insegne papaline. Dimensioni 48 metri in lunghezza, ponte largo 7 metri con 7 cannoni

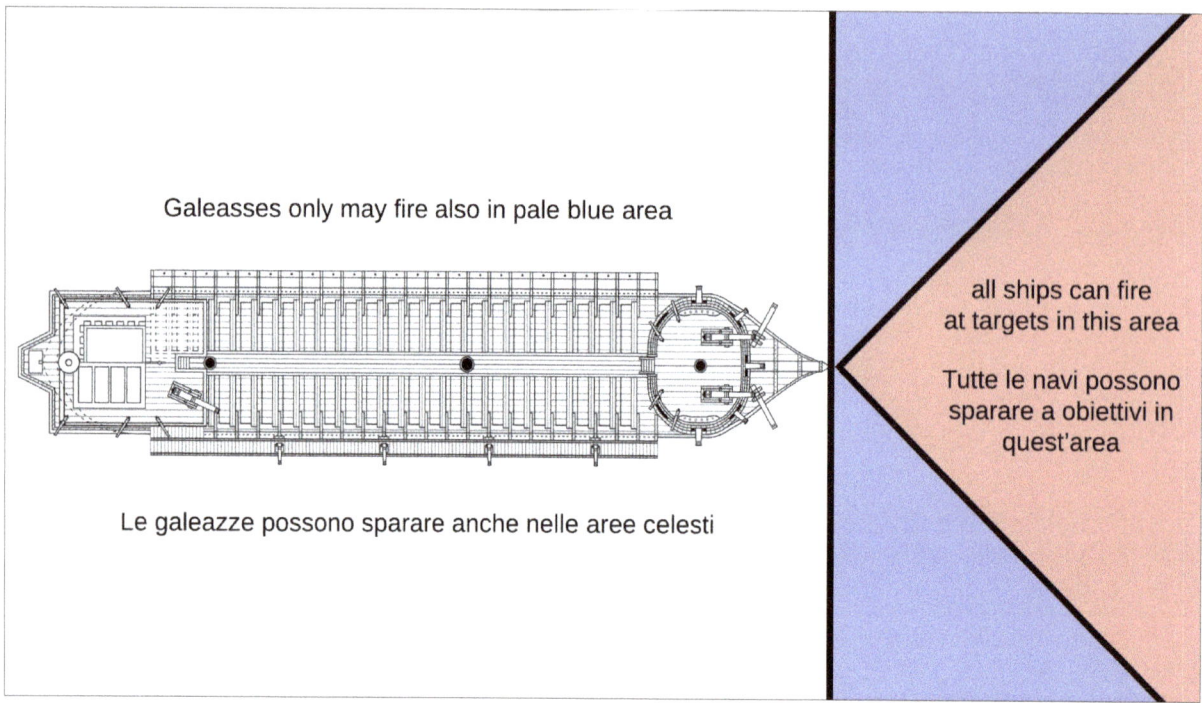

ships that are hit are sunk and should be removed from the table unless they are galleasses. When a galleass is hit by cannon fire it remains in play but mark off one fighting strength box.

Grappling: Ships can attempt to grapple and board an enemy ship that is within 1" of its base. Ships can only attempt to grapple and board one ship each turn. Ships which have been grappled together should be positioned so their bases are overlapping. If the ship's bases are in contact either side can decide to grapple and the attempt will succeed automatically. If the ships are not in contact than the attempt to grapple might fail. If both ships involved want to grapple and board then the grappling attempt succeeds automatically. If one of the ships doesn't want to grapple then the other ship must roll one die. The attempt to grapple is successful if the roll is a 5 or 6. If grappling is successful then the crews of the ships will fight during the Boarding Actions phase. Grappled ships cannot move. If a grappled ship is sunk or its crew is eliminated then the grapple is over. The surviving ship and crew can move normally during their next Move phase. Galleasses were very difficult to board because their sides were much higher than other ships. Galleasses can only be grappled and boarded if they are in contact with an enemy ship and the enemy rolls a 6.

Boarding Actions: Most of the fighting during the battle took place at close quarters after the fleets grappled

le navi nemiche colpite vengono affondate e dovrebbero essere rimosse dal tavolo a meno che non siano galeazze. Quando una galeazza viene colpita dal fuoco di un cannone turco, rimane in gioco ma perde un punto di forza di combattimento.

Arrembaggio: Le navi possono tentare di arrembare una nave nemica che si trova entro 2,5 cm dalla sua base. Le navi possono tentare di arrembare solo una nave per turno. Le navi entrate in contatto devono essere posizionate in modo che le loro basi si sovrappongano. Se le basi della nave sono in contatto, entrambe le parti possono decidere di arrembare l'avversario. Se le navi non sono in contatto, il tentativo di arrembaggio potrebbe fallire. Se entrambe le navi coinvolte vogliono assalire e salire a bordo, il tentativo avviene automaticamente. Se una delle navi non vuole arrembare, allora l'altra nave deve lanciare un dado. Il tentativo di arrembaggio ha successo se il tiro è 5 o 6. Se l'attacco ha esito positivo, gli equipaggi delle navi combatteranno durante la successiva fase. Le navi in lotta non possono muoversi. Se una nave in lotta viene affondata o il suo equipaggio viene eliminato, la cattura è terminata. La nave e l'equipaggio sopravvissuti possono muoversi normalmente durante la successiva fase di spostamento. Le galeazze non erano abbordabili perché i loro lati erano molto più alti rispetto alle altre navi. Le galeazze possono essere prese e abbordate solo se sono in contatto con una nave nemica e il nemico lancia un 6.

Azioni di assalto: la maggior parte dei combattimenti durante la battaglia ebbe luogo a distanza ravvicinata dopo

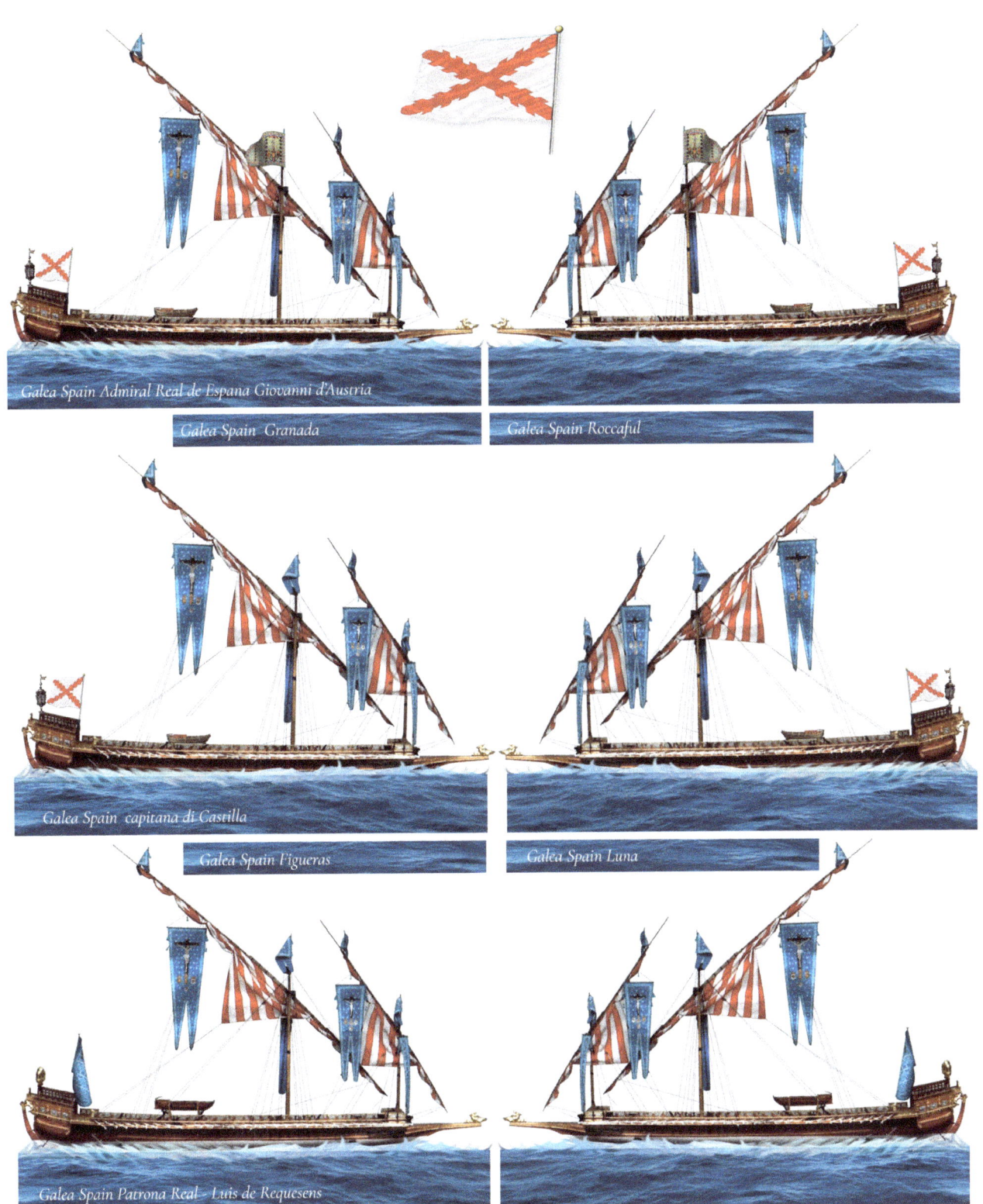

Spanish "Galey" size: length 50 meter, width 8 meter and number of guns: 8
Galee spagnole. Dimensioni 50mmetri in lunghezza, ponte largo 8 metri con 8 cannoni

and boarded each other. The fighting included firing swivel guns, arrows, and arquebuses at the enemy as well as hand to hand combat. Each ship has a fighting strength as listed in the Fighting Strength Table. A record of the fighting strength of each ship must be kept. This can be done by marking the base of each ship, using small counters, or keeping a separate written record. Ships that have grappled an enemy ship roll one die for each remaining strength point. Both sides roll at the same time. Ships score hits on the enemy on a roll of 4 - 6. Cross off one of the enemy's strength points for each hit. If a ship is reduced to zero strength points it is eliminated - remove it from the battle. It is possible that both ships will be eliminated on the same turn.

Slave Rule: The Turkish fleet used Christian slaves to row their galleys. Sometimes during the battle the slaves would revolt (this happened on Ali Pasha's flag ship). If a Turkish ship is reduced to a fighting strength of 1 roll one die immediately. If the roll is a 4 - 6 then the slaves have revolted and the ship is immediately eliminated.

BIBLIOGRAPHY AND WEB SOURCES:

- Lepanto 1571 by Angus Konstam, Osprey Campaign 114
- Renaissance War Galley 1470-1590 by Angus Konstam, Osprey New Vanguard Series nr. 62
- "Age of Lepanto" by Scott Saylors, Tornado nr. 24
- "Galleys, Galliots, Galleasses & Galleons" by Mark Megehee Tornado nr. 24
- Victory of the West: The Great Christian-Muslim Clash at the Battle of Lepanto by Niccolò Capponi
- Empires of the Sea: The Siege of Malta, the Battle of Lepanto, and the Contest for the Center of the World by Roger Crowley
- Lepanto 1571: Christian and Muslim Fleets Battle for Control of the Mediterranean by Nic Fileds
- Alessandro Barbero, Lepanto. La battaglia dei tre imperi, Bari, Laterza, 2010
- Ismail Hakki Uzunçarsılı, Osmanlı Tarihi (Storia ottomana), tomo III/1, Ankara, Türk Tarih Korumu, 1962-83.
- Arrigo Petacco, La croce e la mezzaluna. Quando la cristianità respinse l'islam, Milano, Mondadori, 2005.

WEB RESOURCES:

https://www.youtube.com/watch?v=rvRWwuT_c6c la battaglia di lepanto raccontata da barbero
https://www.youtube.com/watch?v=KJMWLguYER0 dioram della battaglia
https://www.youtube.com/watch?v=oZoS8eSbDjQ

che le flotte si aggrapparono arrembandosi a vicenda. I combattimenti includevano sparatorie di colubrine, frecce e archibugi contro il nemico e combattimenti corpo a corpo. Ogni nave ha una forza di combattimento come elencato nella Tabella della forza di combattimento. È necessario tenere un registro della forza di combattimento di ogni nave. Questo può essere fatto segnando la base di ogni nave, usando piccoli segnalini o tenendo un registro scritto separato. Le navi che hanno attaccato una nave nemica tirano un dado per ogni punto di forza rimanente. Entrambe le parti lanciano il dado contemporaneamente. Le navi segnano i colpi sul nemico con un tiro di 4 - 6. Elimina uno dei punti di forza del nemico per ogni colpo. Se una nave viene ridotta a zero punti forza viene eliminata: rimuovila dalla battaglia. È possibile anche che entrambe le navi vengano eliminate nello stesso turno.

Regola schiavi: la flotta turca utilizzava schiavi cristiani per remare le loro galee. A volte durante la battaglia gli schiavi si ribellavano (ad esempio questo accadde sulla nave di Ali Pasha). Se una nave turca viene ridotta a una forza di combattimento di 1, si tira un dado immediatamente. Se il tiro è un 4 - 6, gli schiavi si ribellano e la nave viene immediatamente eliminata.

BIBLIOGRAFIA E RISORSE WEB:

- Lepanto 1571 by Angus Konstam, Osprey Campaign 114
- Renaissance War Galley 1470-1590 by Angus Konstam, Osprey New Vanguard Series nr. 62
- "Age of Lepanto" by Scott Saylors, Tornado nr. 24
- "Galleys, Galliots, Galleasses & Galleons" by Mark Megehee Tornado nr. 24
- Victory of the West: The Great Christian-Muslim Clash at the Battle of Lepanto by Niccolò Capponi
- Empires of the Sea: The Siege of Malta, the Battle of Lepanto, and the Contest for the Center of the World by Roger Crowley
- Lepanto 1571: Christian and Muslim Fleets Battle for Control of the Mediterranean by Nic Fileds
- Alessandro Barbero, Lepanto. La battaglia dei tre imperi, Bari, Laterza, 2010
- Ismail Hakki Uzunçarsılı, Osmanlı Tarihi (Storia ottomana), tomo III/1, Ankara, Türk Tarih Korumu, 1962-83.
- Arrigo Petacco, La croce e la mezzaluna. Quando la cristianità respinse l'islam, Milano, Mondadori, 2005.

WEB RESOURCES:

https://www.youtube.com/watch?v=rvRWwuT_c6c la battaglia di Lepanto raccontata da A.Barbero
https://www.youtube.com/watch?v=KJMWLguYER0 ricostruzione 3d della battaglia
https://www.youtube.com/watch?v=oZoS8eSbDjQ

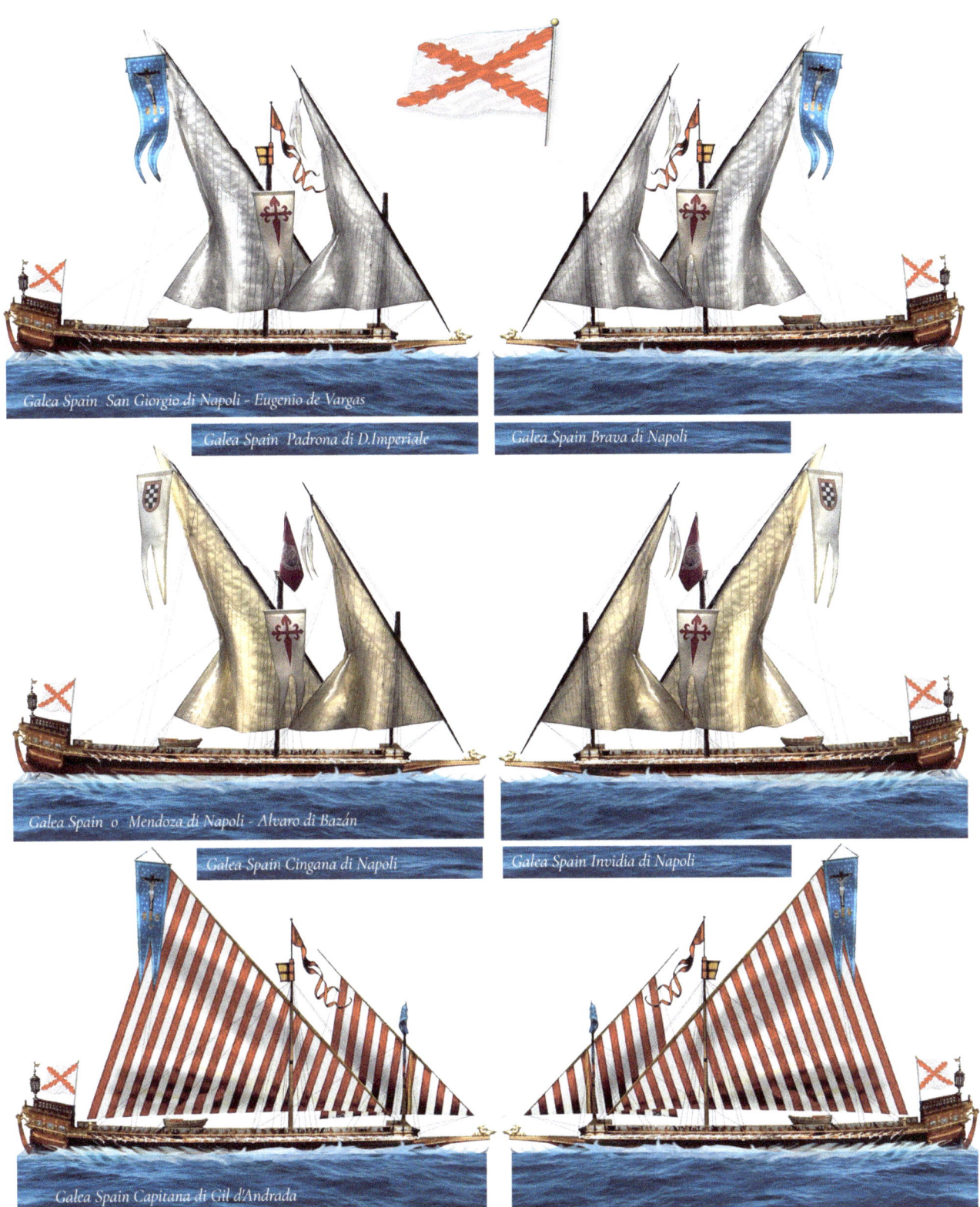

Spanish "Galey" size: length 50 meter, width 8 meter and number of guns: 8
Galee spagnole. Dimensioni 50mmetri in lunghezza, ponte largo 8 metri con 8 cannoni

WARGAME TABLES

MOVEMENTS TABLES	
Ship	Movement
Galeasses	5 cm (2")
Galley	15 cm (6")
It costs 2" to turn up to 90 degrees. Ships can move backwards at half speed.	

RAMMING TABLES	
Die roll	result
1-4	Ramming Fails (no effect)
5-6	Ramming Succeeds (enemy sunk)
Galleasses cannot ram or be rammed	

SHOOTING TABLE		GRAPPING TABLE	
Ship	Roll to hit & sink	Die Roll	To Hit
Galeasses (roll 2 dice)	5-6	1-3	Fail
Galley	6	4-6	Succeed

GT: Vs. galeasses Must be in contact and roll a 5 or 6.
If the ship's bases are touching or both ships want to grapple the attempt succeeds automatically

FIGHTING STRENGTH TABLE	
Ship	Fighting Strength
Galeasses	8
Holy League galleys	7
Turkish ship	6

TABELLE WARGAME

RIEPILOGO MOVIMENTI	
Unità navali	Movimento
Galeazza	5 cm (2")
Galee e altre navi	15 cm (6")
Costa 5 cm girare di 90°. Mentre procedere all'indietro è a mezza velocità	

TAVOLA SPERONAMENTO	
Tiro dado	effetti da applicare
1-4	Speronamento non riuscito (nessun effetto)
5-6	Speronamento riuscito (nave affondata)
Le galeazze non possono speronare ne venir speronate	

TAVOLA DEL FUOCO		TAVOLA ABBORDAGGIO	
Nave: unità	colpisci o affondi con	Risultato dado	Effetti
Galeazze (tira due dadi)	5-6	1-3	Fallito
Galea	6	4-6	Successo

TA: Contro una galeazza devi essere in contatto e tirare un 5 o un 6.
Se due navi sono a contatto o se entrambe le navi vogliono abbordare, l'operazione è automatica.

TABELLA FORZA DI COMBATTIMENTO	
Unità	Forza di combattimento
Galeazze	8
Galee cristiane	7
Galee turche	6

1571 SOLDIERS OF THE CHRISTIAN ARMY AT THE BATTLE OF LEPANTO

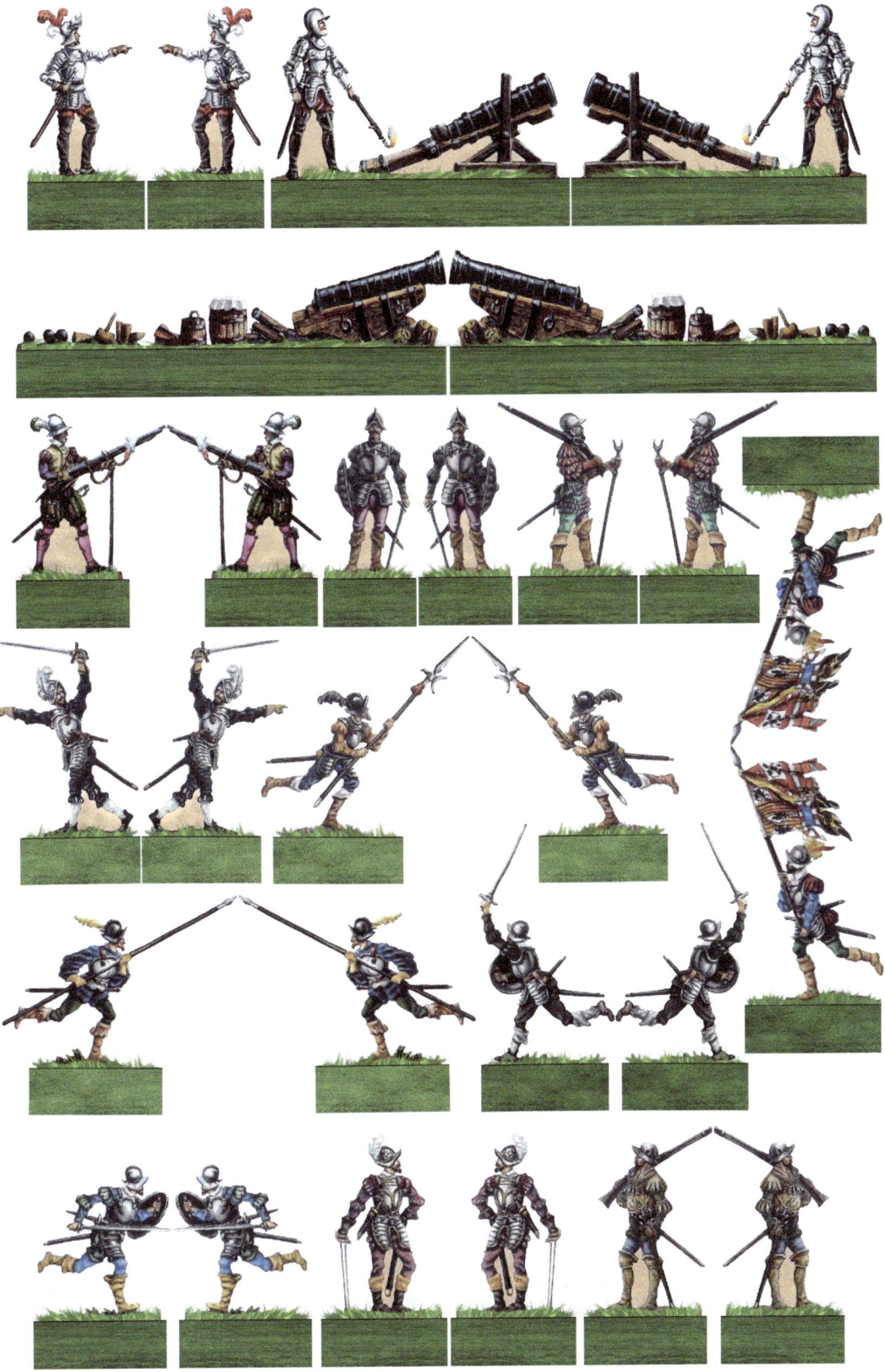

THE ARMY OF THE TWO FLEETS - ORDER OF BATTLE
LE FORMAZIONI DELLE DUE FLOTTE - ORDINE DI BATTAGLIA

Order of battle during the Battle of Lepanto on 7 October 1571 in which the Holy League deployed 6 galeazze and 206 galleys, while the Ottoman forces numbered 216 galleys and 56 galliots.

FLEET OF THE HOLY LEAGUE

The combined Christian fleet was placed under the command of John of Austria (*Don Juan de Austria*) with Sebastiano Venier, Marcantonio Colonna e Gianandrea Doria, as his principal deputys. The ships were of: 12 from the Pope (Tuscany), 10 from Sicily, 30 from Naples, 14 from Spain, 3 from Savoy, 4 from Malta, 27 from Genoa and 109 from Venice (Sources A.Barbero).

Several vessels among the fleet of the Holy League bore the same name. Whilst this is not unheard of among ships belonging to different nationalities, some of the said ships belong to the same nation. These did not seem to be of great importance to Christian commanders at that time. In order to avoid confusion, those vessels bearing the same name were suffixed with ordinal number according to nationality (i.e. *Christ* of Candia I, *Christ* of Candia II; *Christ* of Venice I, *Christ* of Venice II, etc.).

Left Wing
Commanded by Agostino Barbarigo (53 galleys, 2 galleasses)

Venetian Galleasses (2)
  Galleass of Ambrogio Bragadin
  Galleass of Antonio Bragadin

Venetian Galleys (39)
  Capitana Lanterna (flagship lantern) of Venice (L) – Agostino Barbarigo †, *provveditore generale*
  Capitana (flagship) of Venice (L) – Marco Querini, *provveditore of the Fleet*
  Fortuna (Fortune) of Venice – Andrea Barbarigo †
  Tre Mani (Three Hands) of Venice – Giorgio Barbarigo
  Due Delfini (Two Dolphins) of Candia – Francesco Zen
  Leone e Fenice of Candia – Francesco Mengano
  Madonna (Milady) of Candia – Filippo Polani
  Cavallo Marino (Seahorse) of Candia – Antonio De Cavalli
  Due Leoni (Two Lions) of Candia – Nicolò Fradello
  Leone (Lion) of Candia – Francesco Bonvecchio
  Cristo (Christ) of Candia I – Andrea Corner
  Angelo (Angel) of Candia – Giovanni Angelo
  Piramide (Pyramid) of Candia – Francesco Bono †
  Cristo Risorto (Risen Christ) of Venice I – Simon Guoro
  Cristo Risorto (Risen Christ) of Venice II – Federico Renier
  Cristo (Christ) of Corfu – Cristoforo Condocolli
  Cristo Risorto of Candia I – Francesco Zancaruol
  Cristo (Christ) of Venice I – Bartolomeo Donato
  Cristo (Christ) of Candia II – Giovanni Corner
  Christo Risordo (Risen Christ) of Candia II
  The road of Candia – Francesco Molini
  Sant'Eufemia (St. Euphemia) of Brescia – Orazio Fisogni
  Il Braccio of Candia – Michele Vizzamano
  Cristo (Christ) of Candia III – Danielo Calefatti

Questo è **l'ordine di battaglia** durante la Battaglia di Lepanto (7 ottobre 1571). Flotta della Lega Santa: 206 galee e 6 galeazze. Flotta turca: 216 galee e 56 galeotte.

FLOTTA DELLA LEGA SANTA

Le forze combinate della Lega Santa furono messe sotto il comando di Don Giovanni d'Austria con Sebastiano Venier, Marcantonio Colonna e Gianandrea Doria come comandanti in seconda. Le navi appartenevano a: 12 del papa, 10 di Sicilia, 30 di Napoli, 14 di Spagna, 3 di Savoia, 4 di Malta, 27 di Genova e 109 di Venezia (Fonti A.Barbero).
Molte navi tra quelle della Lega Santa portavano lo stesso nome. Nonostante sia pratica non nuova per navi di diverse nazionalità, in questo caso alcune appartengono allo stesso paese. I comandanti cristiani non sembravano darci troppo peso. Per evitare confusione, è stato dato un ordinale alle navi che portavano lo stesso nome pur facendo parte dello stesso Stato (es.: *Cristo* di Candia I, *Cristo* di Candia II; *Cristo* di Venezia I, *Cristo* di Venezia II, ecc.).
Inoltre, alcuni "nomi" erano in realtà vere e proprie descrizioni di ruolo (e.g. "capitana", "almirante", "padrona", "real").

"Corno" o Ala sinistra
Al comando di Agostino Barbarigo (53 galee, 2 galeazze).

Galeazze veneziane (2)
  Galeazza di Ambrogio Bragadin
  Galeazza di Antonio Bragadin

Galee veneziane (39)
  Capitana Lanterna di Venezia - Agostino Barbarigo †, Provveditore Generale della Serenissima Repubblica
  Capitana di Venezia - Marco Quirini, Provveditore della flotta veneta
  Capitana di Venezia - Antonio da Canal
  Fortuna di Venezia - Andrea Barbarigo †
  Tre Mani di Venezia - Giorgio Barbarigo
  Due Delfini di Candia - Francesco Zen
  Leone e Fenice di Candia - Francesco Mengano
  Cristo di Candia 1 - Andrea Corner
  Angelo di Candia - Giovanni Angelo
  Piramide di Candia - Francesco Bono †
  Cristo Risorto di Venezia 1 - Simon Guoro
  Cristo Risorto di Venezia 2 - Federico Renier.
  Cristo di Corfù - Cristoforo Condokali
  Nostra Donna di Candia - Filippo Polani
  Dama a cavallo di Candia - Antonio Eudomeniani
  Cavallo Marino di Candia - Antonio De Cavalli
  Due Leoni di Candia - Nicolò Fradello
  Leone di Capodistria - Domenico Del Tacco
  Leone di Candia - Francesco Bonvecchio
  Cristo Risorto di Candia 1 - Giorgio Calergi
  Cristo di Venezia1 - Bartolomeo Donato
  Cristo di Candia 2 - Giovanni Corner †
  Cristo Risorto di Candia 2 - Francesco Zancaruol

▲ The battle of Lepanto - Spanish soldiers on the flagship Real de Espana of Giovanni d'Austria. By Angel Garcia Pinto

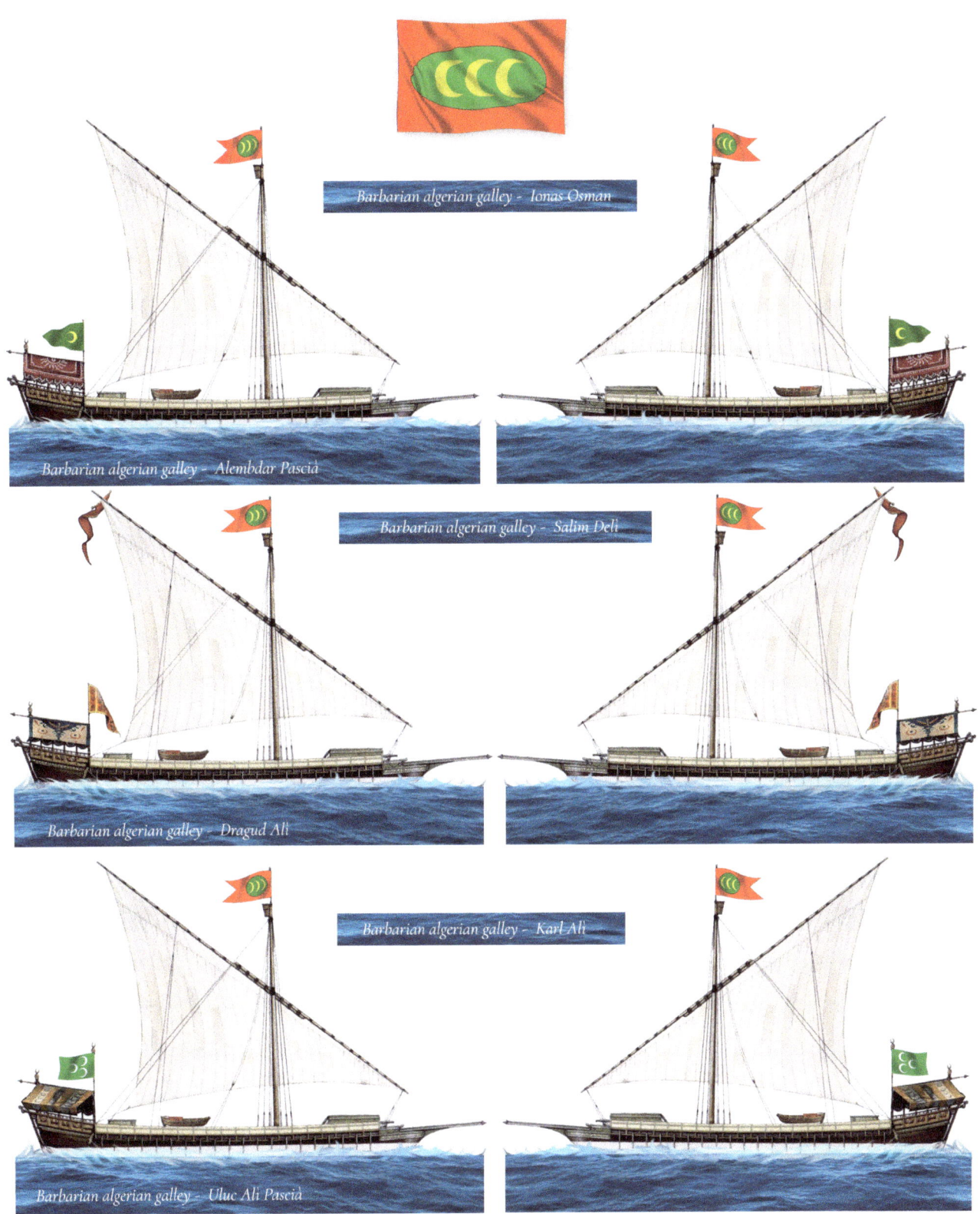

Ottoman "Galleys" Algerian size: length 50 meter, width 7 meter and number of guns: 4
Galee ottomane (algerine). Dimensioni 50 metri in lunghezza, ponte largo 7 metri con 4 cannoni

Braccio (*Arm*) of Venice – Nicolò Lippomano
Nostra Signora (*Our Lady*) of Zante – Nicolò Mondini
Christo Risorto of Candia I – Giorgio Calergi
Nostra Signora of Venice I – Marcantonio Pisani
Dio Padre e Santa Trinità – Giovanni Marino Contarini †
Cristo Risorto of Venice III – Giovanni Battista Querini
Angelo (*Angel*) of Venice – Onfre Giustiniani
Santa Dorotea (*St. Dorothy*) of Venice – Polo Nani
Ketianana of Retimo – Nicolò Avonal
Croce (*Cross*) of Cefalonia – Marco Cimera
Vergine Santa of Cefalonia – Cristoforo Criffa
Cristo Risorto of Veglia – Lodovico Cicuta
San Nicolò (*St. Nicholas*) of Cherso – Colane Drascio
Dama a cavallo of Candia – Antonio Eudomeniani
Leone (*Lion*) of Capodistria – Domenico Del Tacco

Spanish Galleys (10)
Fiamma (*Flame*) of Naples – Juan de las Cuevas
San Giovanni (*St. John*) of Naples – Garcia de Vergara
Invidia (*Envy*) of Naples – Teribio de Accaves
Brava (*Skillful*) of Naples – Miguel Quesada
San Jacopo (*St. James*) of Naples – Moferat Guardiola
San Nicola (*St. Nicholas*) of Naples – Cristobal de Mongiu
Victoria (*Victory*) of Naples – Ochoa de Recalde
Sagittaria (*Archer*) of Naples – Martino Pirola
Idra (*Hydra*) of Naples – Luigi Pasqualigo
Santa Lucia (*St. Lucy*) of Naples – Francesco Bono

Papal Galley (1)
Regina (*Queen*) – Fabio Valicati

Genoese Galley (1)
Marchesa of G.A. Doria – Francesco San Fedra
Fortuna of Gio Andrea Doria – Giovanni Alvigi Belvi
Lomellina – Agostino Canevari

Center Division
Commanded by Don John of Austria (60 galleys, 2 galleasses)

Venetian Galleasses (2)
Galleass of Jacopo Guoro
Galleass of Francesco Duodo

Venetian Galleys (25)
Capitana (flagship) of Venice – Sebastiano Venier, Captain-General of the Sea
Capitana (flagship) of Mari – Giorgio d'Asti
San Giovanni (*St. John*) of Venice I – Pietro Badoaro
Tronco (*Trunk*) of Venice – Girolamo Canale
Mongibello (*Mt. Gibel*) of Venice – Bertucci Contarini
Nostra Signora (*Our Lady*) of Venice II – Giovanni Zeni
Cristo (*Christ*) of Venice II – Girolamo Contarini †
Ruota con Serpente – Gabrio da Canale
Piramide (*Pyramid*) of Venice – Francesco Bon
Palma (*Palm*) of Venice – Girolamo Venier †
San Teodoro (*St. Theodore*) of Venice – Teodoro Balbi
Montagna (*Mountain*) of Candia – Alessandro Vizzamano
San Giovanni Battista of Venice – Giovanni Mocenigo
Cristo (*Christ*) of Venice III – Giorgio Pisani
San Giovanni (*St. John*) of Venice II – Daniele Moro
Passaro (*Sparrow*) of Venice – Nicolò Tiepolo
Leone (*Lion*) of Venice – Pietro Pisani
San Girolamo (*St. Jerome*) of Venice – Gasparo Malipiero

La Ruota di Candia - Francesco Molini
Sant'Eufemia di Brescia - Orazio Fisogni
Il Braccio di Candia - Michele Vizzamano
Braccio di Venezia - Nicolò Lippomano
Nostra Signora di Zante - Nicolò Mondini
Cristo di Candia 3 - Daniele Calefatti
Nostra Signora di Venezia 1- Marcantonio Pisani
Santa Dorotea di Venezia - Polo Nani
Ketianana di Retimo - Nicolò Avonal
Dio Padre e Santa Trinità di Venezia - G. M. Contarini †
Cristo Risorto di Venezia 3 - Giovanni Battista Quirini
Angelo di Venezia - Onfré Giustiniani
Croce di Cefalonia - Marco Cimera
Vergine Santa di Cefalonia - Cristoforo Crissa
Cristo Risorto di Veglia - Lodovico Cicuta
San Nicolò di Cherso - Colane Drascio

Galee spagnole e napoletane (10)
Fiamma di Napoli - Juan de las Cuevas
San Giovanni di Napoli - Garcia de Vergara
Invidia di Napoli - Teribio de Accaves
San Jacopo di Napoli - Moferat Guardiola
San Nicola di Napoli - Cristobal de Mongiu
Victoria di Napoli - Ochoa de Recalde
Sagittaria di Napoli - Martino Pirola
Idra di Napoli - Luigi Pasqualigo
Santa Lucia di Napoli - Francesco Bono
Brava di Napoli - Miguel Quesada

Galea pontificia (1)
Regina - Fabio Valicati (*Elbigina* secondo Barbero)

Galee genovesi (3)
Lomellina dei Lomellini - Agostino Canevari
Marchesa di Gianandrea Doria - Francesco San Fedra
Fortuna di Gianandrea Doria - Giovanni Alvigi Belvi.

Centro
Al comando di don Giovanni d'Austria (60 galee, 2 galeazze)

Galeazze veneziane (2)
Galeazza di Jacopo Guoro
Galeazza di Francesco Duodo

Galee veneziane (25)
Capitana di Venezia (ammiraglia) - Sebastiano Venier, Capitano Generale dell'Armata Veneta
Capitana dei Mari - Giorgio d'Asti
San Giovanni di Venezia - Pietro Badoaro
Giuditta di Zante - Marino Sicuro
Sant'Alessandro di Bergamo - Giovanni Antonio Colleoni
San Girolamo di Lesina - Giovanni Balzi
Nostra Signora di Venezia - Giovanni Zen
Cristo sopra il mondo - Girolamo Contarini †
Ruota con Serpente - Gabrio da Canal
San Cristoforo di Venezia - Alessandro Contarini
Armellino di Candia - Marco Querini
Mezza Luna di Venezia - Valerio Vallaresso †
La Piramide - Francesco Bon
Uomo di Mare di Vicenza - Jacopo Trissino †
Palma di Venezia - Girolamo Venier †
San Giovanni Battista di Venezia - Giovanni Mocenigo
Cristo di Venezia - Giorgio Pisani
San Giovanni di Venezia - Daniele Moro

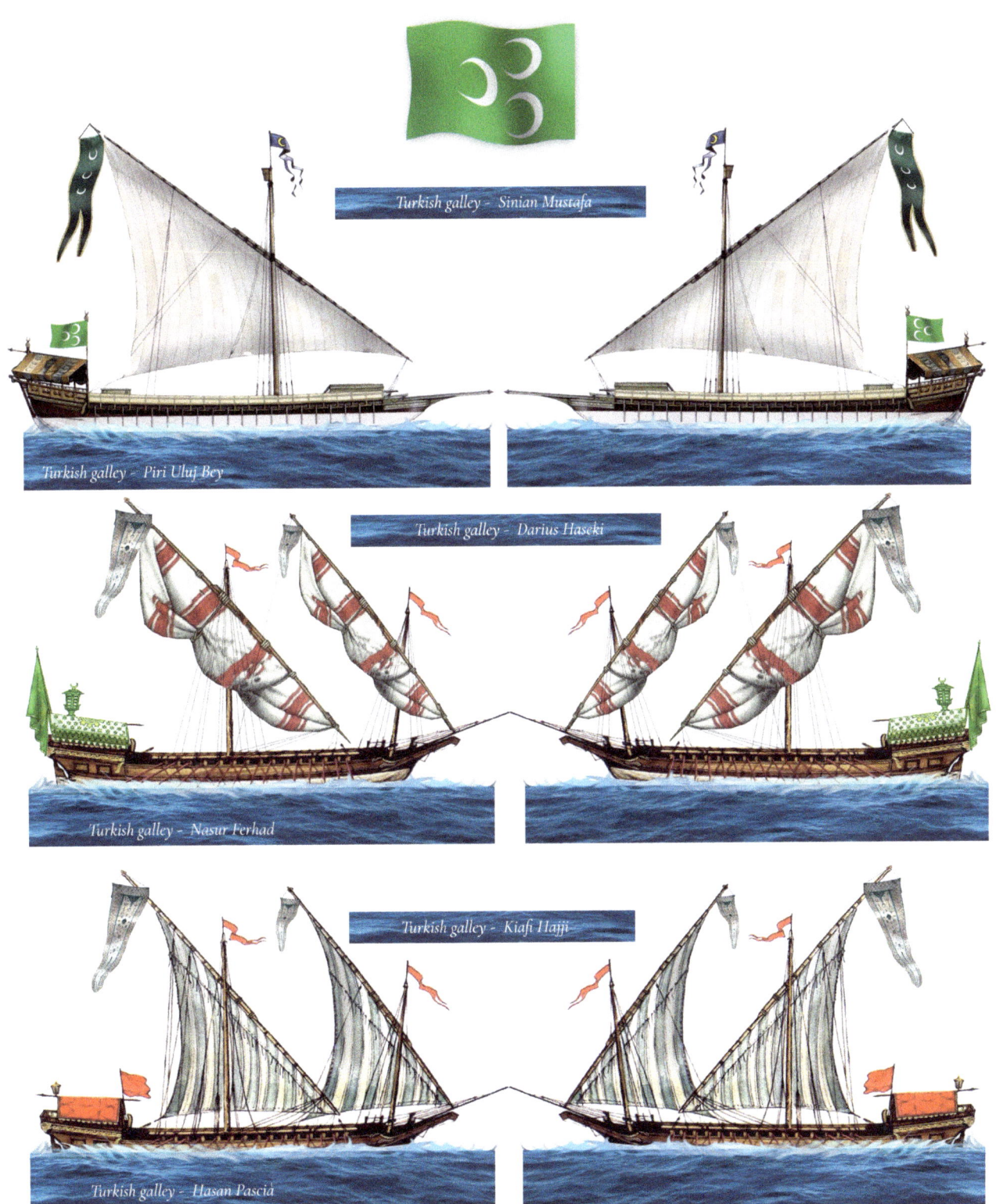

Ottoman "Galleys" Turkish size: length 50 meter, width 7 meter and number of guns: 4
Galee ottomane (urche). Dimensioni 50 metri in lunghezza, ponte largo 7 metri con 4 cannoni

Giuditta (*Judith*) of Zante – Marino Sicuro
San Cristoforo of Venice – Alessandro Contarini
Armellino (*Ermine*) of Candia – Marco Quirini
Mezza Luna (*Half Moon*) of Venice – Valerio Valleresso †
Uomo di Mare of Vicenza – Jacopo Trissino †
Sant'Alessandro of Bergamo – Giovanni Antonio Colleoni
San Girolamo (*St. Jerome*) of Hvar – Giovanni Balsi

Spanish Galleys (17)
Real (royal flagship) – Don John of Austria.
Admiral of the navy
Capitana (flagship) of Castille – Luis de Requesens
Patrona Real (Spain) – Luis de Acosta
Piramide con cane of Spain – Marcantonio Uliana
La Roccaful of Spain – Roccaful
San Francisco of Spain - Cristobal Vasques
Granada of Spain – Paolo Bottino
Figuera of Spain – Diego Lopez de Ilianos
Luna of Spain – Manuel de Aguilar
Capitana di Gil d'Andrada (Spain) - B. Cinoguera
Padrona di Napoli (Naples)– Francesco de Benavides
Capitana of Bandinelli (Naples) – Bandinelli Sauli
Fortuna (*Fortune*) of Naples -Vincenzo Pascale
Mendoza of Naples – Álvaro de Bazán
San Giorgio of Naples – Eugenio de Vargas
Padrona di Davide Imperiale (Sicily) - Nicolò da Loano
Capitana (flagship) of Savoy – Andrea Provana of Leinì

Genoese Galleys (8)
Capitana (flagship) of Genoa – Ettore Spinola †
Padrona (squadron flagship) of Genoa – Pellerano
Perla of G.ADoria – Giovanni Battista Spinola
Temperanza of Gio Andrea Doria – Cipriano De Mari
Vittoria (*Victory*) of Gio Andrea Doria – Filippo Doria
Doria of Gio Andrea Doria – Jacopo of Casale †
Capitana dei Lomellini - Paolo Orsini
Padrona dei Lomellini - Pier Battista Lomellini
Capitana dei Grimaldi - Giorgio Grimaldi

Papal Galleys (7) (including Tuscan contingent)
Capitana of His Holiness – Marcantonio Colonna.
Flagship of the papal contingent
Toscana (*Tuscany*) of Tuscany – Metello Caracciolo
Pisana (*Pisa*) of Tuscany – Ercole Lotta
Firenze (*Florence*) of Tuscany – Tommaso De' Medici
Pace of His Holiness – Jacopo Antonio Perpignano
Vittoria of His Holiness – Baccio of Pisa
Grifona of His Holiness – Alessandro Negrone

Galleys of the Knights of Malta (3)
Capitana (flagship) of Malta – Pietro Giustiniani
San Pietro (*St. Peter*) – Roquelare St.-Aubin
San Giovanni (*St. John*) – Alonso de Texada

Right Wing
Commanded by Giovanni Andrea Doria (51 galleys, 2 galleasses)
Venetian Galleasses (2)
Galleass of Andrea da Cesare
Galleass of Pietro Pisani
Venetian Galleys (24)
Forza (*Force*) of Venice – Rinieri Zeni

Tronco di Venezia - Girolamo Canal
Mongibello di Venezia - Bertucci Contarini
San Teodoro di Venezia - Teodoro Balbi
Montagna di Candia - Alessandro Pizzamano
Passaro di Venezia - Nicolò Tiepolo
Leone di Venezia - Pietro Pisani
San Girolamo di Venezia - Gasparo Malipiero

Galee spagnole, siciliane, sabaude e napoletane (17)
Galera Real (spagnola) - Don Giovanni d'Austria.
Nave ammiraglia della Lega
Patrona Real (spagnola) - Luis de Acosta
Capitana di Castiglia (spagnola) - Luis de Requesens
La Roccaful (spagnola) - Roccaful
Figuera (spagnola) - Diego Lopez de Ilianos
Luna (spagnola) - Manuel de Aguilar
Granada (spagnola) - Paolo Bottino
Piramide con cane (spagnola) - Marcantonio Uliana
Capitana di Gil d'Andrada (spagnola) - B. Cinoguera
San Francisco di Spagna - Cristobal Vasques
Padrona di Napoli - Francesco de Benavides
Mendoza di Napoli - Alvaro di Bazán
San Giorgio di Napoli - Eugenio de Vargas
Capitana dei Bandinelli (napoletana) - Bandinelli Sauli
Fortuna (*Fortune*) di Napoli -Vincenzo Pascale
Padrona di Davide Imperiale (Sicilia) - Nicolò da Loano
Capitana di Savoia (Savoia) - Andrea Provana di Leinì

Galee genovesi (9)
Capitana di Genova - Ettore Spinola †
Padrona di Genova - Pellerano
Capitana dei Lomellini - Paolo Orsini
Padrona dei Lomellini - Pier Battista Lomellini
Capitana dei Grimaldi - Giorgio Grimaldi
Doria di Gio Andrea Doria - Jacopo di Casale †
Perla di Gio Andrea Doria - Giovanni Battista Spinola
Temperanza di Gio Andrea Doria - Cipriano De Mari
Vittoria di Gio Andrea Doria - Filippo Doria

Galee pontificie (7) (7 galee toscane)
Capitana di Sua Santità (Toscana) - Marcantonio Colonna.
Nave ammiraglia del contingente papale
Toscana (Toscana) - Metello Caracciolo
Pisana (Toscana) - Ercole Lotta
Fiorenza (Toscana) - Tommaso de' Medici
Pace (Toscana) - Jacopo Antonio Perpignano
Grifona (Toscana) - Alessandro Negroni
Vittoria (Toscana) - Baccio di Pisa

Galee dei Cavalieri di Malta (3)
Santa Maria della Vittoria, Malta - Pietro Giustiniani
San Pietro - Roquelare Saint-Aubin
San Giovanni - Alonso de Tejada

"Corno" o Ala destra
Al comando di Gianandrea Doria (51 galee, 2 galeazze)
Galeazze veneziane (2)
Galeazza di Andrea da Cesare
Galeazza di Pietro Pisani
Galee veneziane (24)
Forza di Venezia - Ranieri Zen

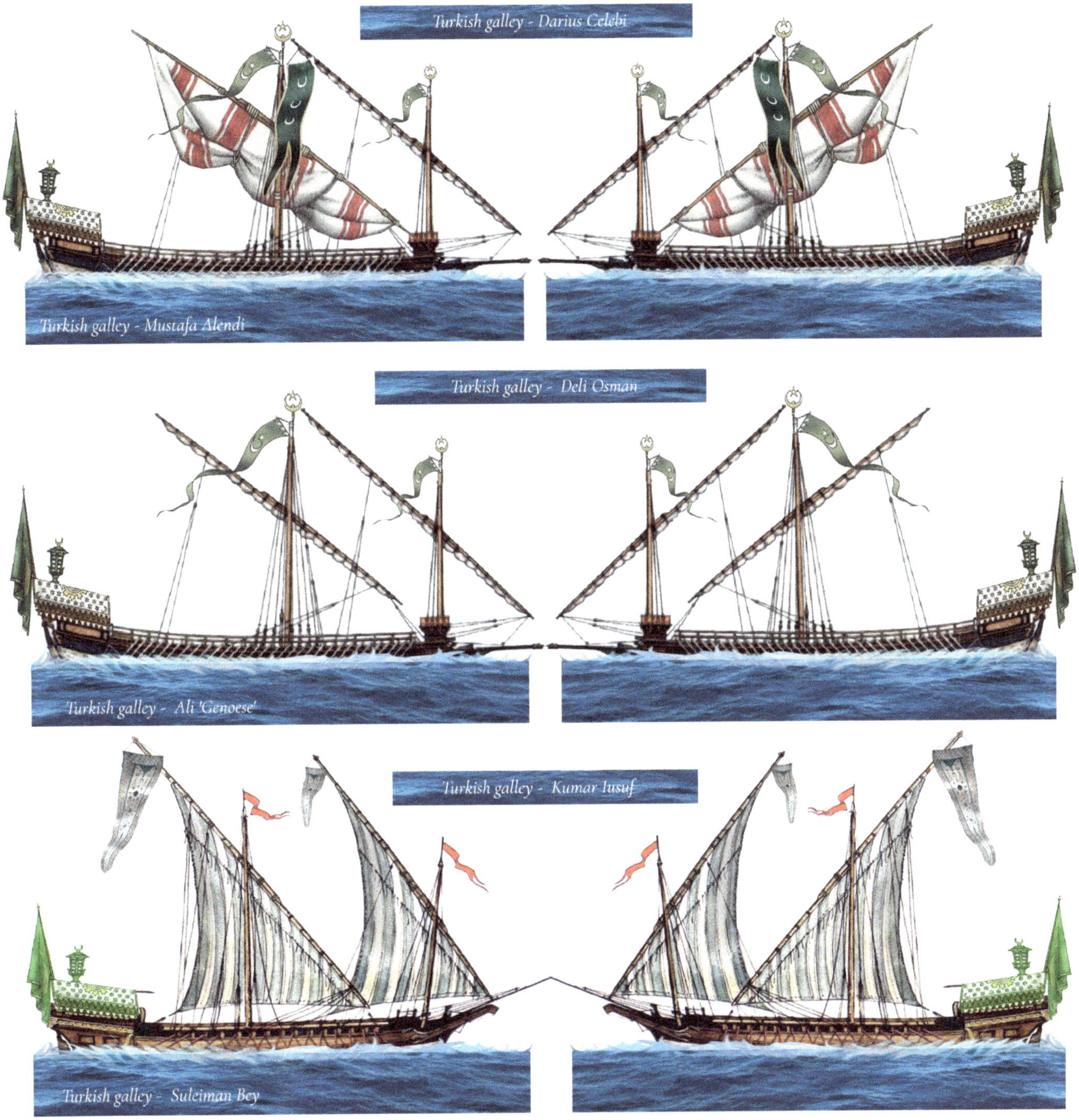

Turkish galley - Darius Celebi

Turkish galley - Mustafa Alendi

Turkish galley - Deli Osman

Turkish galley - Ali 'Genoese'

Turkish galley - Kumar Iusuf

Turkish galley - Suleiman Bey

Ottoman "Galleys" Turkish size: length 50 meter, width 7 meter and number of guns: 4
Galee ottomane (urche). Dimensioni 50 metri in lunghezza, ponte largo 7 metri con 4 cannoni

Regina of Candia – Giovanni Barbarigo
Nino (*Boy*) of Venice – Paulo Polani
Cristo Risorto of Venice IV – Benedetto Soranzo
Palma (*Palm*) of Candia – Jacopo di Mezzo †
Angelo (*Angel*) of Corfu – Stelio Carchiopulo
Nave (*Ship*) of Venice – Antonio Pasqualigo
Nostra Signora (*Our Lady*) of Candia – Marco Foscarini
Cristo (*Our Lady*) of Candia IV – Francesco Cornero
Fuoco (*Flame*) of Candia – Antonio Boni
Aquila (*Eagle*) of Candia – Girolamo Zorzi
San Cristoforo (*St. Christopher*) of Venice – Andrea Tron
Cristo (*Christ*) of Venice IV – Marcantonio Lando †
Speranza (*Hope*) of Candia – Girolamo Cornaro †
San Giuseppe (*St. Joseph*) of Venice – Nicolò Donato
Torre (*Tower*) of Vicenza – Lodovico da Porto
Aquila (*Eagle*) of Corfu – Pietro Bua †
Aquila of Retimo – Pietro Pisano
San Giovanni (*St. John*) of Arbe – Giovanni de Dominis
La Donna (*The Lady*) of Friuli/Traù – Luigi Cipoco
Re Attila (*King Attila*) of Padua – Pataro Buzzacarini
San Vittorio (*St. Victor*) of Crema – Evangelista Zurla
San Trifone of Cattaro/Kotor – Girolamo Bisante
Uomo Armato of Retimo – Andrea Calergi

Genoese Galleys (15)
Capitana (flagship) of G.A. Doria – Giovanni A. Doria
Capitana (flagship) of Negroni – Gio Ambrogio Negroni
Padrona (flagship) of Grimaldi – Lorenzo Treccia
Capitana (flagship) of Nicolò Doria – Pandolfo Polidoro
Padrona (flagship) of Nicolò Doria – Giulio Centurione
Padrona (flagship) of Negroni – Luigi Gamba
Padrona (flagship) of Lomellini – Giorgio Greco
San Vittorio (St. Victor) of Crema – Evangelista Zurla
Furia (*Fury*) of Lomellini – Jacopo Chiappe
Negrona (*Negress*) of Negroni – Nicolo da Costa
Bastarda (*Bastard*) of Negroni – Lorenzo da Torre
Monarca of Gio Andrea Doria – Nicolò Garibaldo
Donzella (*Maid*) of Gio Andrea Doria – Nicolò Imperiale
Diana of Genoa – Giovanni Giorgio Lasagna
Padrona dei De Mari - Antonio Corniglia

Spanish Galleys (10)
Sicilia (*Sicily*) – Francesco Amodei
Cingana (*Naples*) – Gabriel de Medina
Luna (*Moon*) – Julio Rubio
Speranza (*Hope*) – Pedro de Busto
Gusmana – Francesco de Osedo
Fortuna (*Fortuna*) – Diego de Medrano
Determinada – Juan de Angustina Carasa
Turca (*Turk*) – Simone Goto
Piemontese (*Savoyard*) – Ottavio Moretto †
Margherita (*Savoia*) – Battaglino

Papal Galleys (2)
Santa Maria of His Holiness – Pandolfo Strozzi
San Giovanni of His Holiness – Angelo Bifali

Rearguard
Commanded by Don Álvaro de Bazán (37 galleys, including 8 galleys of the Advance Guard)

Venetian Galleys (12)
Cristo (*Christ*) of Venice V – Marco da Molino
Due Mani (*Two Hands*) of Venice – Giovanni Loredano †
Fede (*Faith*) of Venice – Giovanni Battista Contarini

Ottoman "Galleys" Turkish size: length 50 meter, width 7 meter and number of guns: 4
Galee ottomane (urche). Dimensioni 50 metri in lunghezza, ponte largo 7 metri con 4 cannoni

Pilastro (*Pillar*) of Venice – Caterino Malipiero
Maddalena (*Magdalene*) of Venice – Alvigi Balbe
Signora (*Lady*) of Venice – Giovanni Bembo
Mondo (*World*) of Venice – Filippo Leoni
Speranza of Cipro – Giovanni Battista Benedetti †
San Pietro (*St. Peter*) – Marco Fiumaco
Sibilla (*Sibyl*) of Venice – Danielo Troni
San Giorgio (*St. George*) of Sebenico – Cristoforo Lucio
San Michele (*St. Michael*) – Giorgio Cochini

Spanish Galleys (12)
Lupa (*Wolf*) (flagship) – Don Alvaro de Bazan
Capitana of Vasquez (Spain) – Juan Vasquez
Gru (*Crane*) of Spain – Luis Heredia
Leona (*Lioness*) of Spain - Rodrigo de Zugasti
Costanza of Naples – Pietro Delagia
Marchesa (*Marquise*) of Spain – Juan de Machado †
Santa Barbara of Naples – Giovanni de Ascale
Sant'Andrea of Naples - Don Bernardino de Velasco
Santa Caterina of Naples – Juan Rufis de Velasco
Sant'Angelo of Naples - Don Alonso de Bazan
Terana of Naples – Giovanni de Riva of Neillino
Ocasión (*Occasion*) of Spain – Pedro de Roig

Papal Galleys (3)
Padrona (flagship) of His Holiness – Alfonso d'Appiano
Suprema (*Supremacy*) – Antonio da Ascoli
Serena (*Serenity*)

Genoese Galleys (2)
Baccana – Giovanni Pietro de Morilo
San Bartolomeo - Niccolò Marrone

Vanguard
Commanded by Juan de Cardona (8 galleys attached to the Reserve force)
Capitana (flagship) of Sicilia – Giovanni de Cardona
Padrona (squadron flagship) of Sicily
San Giovanni (*St. John*) of Sicily – Davide Imperiale
Cardona of Sicily - Don Carlo de Argaglia
Santa Maddalena of Venice – Marino Contarini
Sole (*Sun*) of Venice – Vincenzo Quirini †
Santa Caterina (*St. Catherine*) of Venice – Marco Cicogna
Nostra Donna of Venice – Pier Francesco Malipiero

Pilastro - Caterino Malipiero
Maddalena - Alvigi Balbi
Signora - Giovanni Bembo
Mondo - Filippo Leoni
Speranza di Venetia di Cipro - Giovanni B. Benedetti †
San Pietro - Marco Fiumaco
Sibilla - Daniele Tron
San Giorgio di Sebenico - Cristoforo Lucich
San Michele - Giorgio Cochini

Galee spagnole, siciliane e napoletane (12)
Lupa di Napoli - Don Alvaro de Bazan, (capitana)
Capitana di Vasquez (spagnola) - Juan Vasquez
Gru (spagnola) - Luis Heredia
Leonessa di Napoli - Rodrigo de Zugasti
Costanza di Napoli - Pietro Delagia
Marchesa di Napoli - Juan de Machado †
Santa Barbara di Napoli - Giovanni de Ascale
Sant'Andrea di Napoli - Don Bernardino de Velasco
Santa Caterina di Napoli - Juan Rufis de Velasco
Sant'Angelo di Napoli - Don Alonso de Bazan
Terana di Napoli - Giovanni de Riva di Neillino
Ocasion (spagnola) - Pedro de Roig

Galee pontificie (3 galee toscane)
Padrona (Toscana) - Alfonso d'Appiano
Suprema (o *Elbigina*) - Antonio da Ascoli
Serena (Toscana)

Galee genovesi (2)
Baccana - Giovanni Pietro de Morilo
San Bartolomeo - Niccolò Marrone

Avanguardia
Al comando di Giovanni de Cardona (8 galee allegate, 3 siciliane e 4 veneziane)
Capitana di Sicilia - Giovanni de Cardona
Padrona di Sicilia
San Giovanni di Sicilia - Davide Imperiale
Cardona di Sicilia - Don Carlo de Argaglia
Santa Maddalena di Venezia - Marino Contarini
Sole di Venezia - Vincenzo Querini †
Santa Caterina di Venezia - Marco Cicogna
Nostra Donna di Venezia - Pier Francesco Malipiero

Turkish galley - Koda Ali

Turkish galley - Osman Reis

Turkish galley - Karaman Ibrahim

Turkish galley - Kosem Iusuf

Turkish galley - Suleiman Reis

Turkish galley - Portasi Pasha

Ottoman "Galleys" Turkish size: length 50 meter, width 7 meter and number of guns: 4
Galee ottomane (urche). Dimensioni 50 metri in lunghezza, ponte largo 7 metri con 4 cannoni

THE OTTOMAN FLEET

Supreme command of the Ottoman Fleet was held by Müezzinzade Ali Pasha.

In contrast to their Western contemporaries, Turkish records only show the names of commanders of the ships instead of the names of the ship themselves.

Left Wing
Commanded by Uluç Ali Reis (61 galleys, 32 galliots)

Turkish (Constantinople) Galleys (14)
- Nasur Ferhad
- Kasam Reis
- Osman Reis
- Kiafi Hajji
- Ferhad Ali
- Memi Bey
- Piri Osman
- Piri Reis
- Selim Basti
- Talatagi Reis
- Celebi Reis
- Tartar Ali
- Kafir Hajji
- Karaman Pasha

Barbary (Algerian) Galleys (14)
- Uluç Ali Reis – Wing commander
- Karl Ali
- Karaman Ali
- Alemdar Pasha
- Sinian Celebi
- Amdjazade Mustafa
- Dragud Ali
- Seydi Ali
- Peri Selim
- Murad Darius
- Uluj Reis
- Macasir Ali
- Ionas Osman
- Salim Deli

Syrian Galleys (6)
- Kara Bey
- Dermat Bey
- Osman Bey
- Iusuf Ali
- Kari Alemdar
- Murad Hasan

Anatolian Galleys (13)
- Karali Reis
- Piriman Reis
- Hazuli Sinian
- Chios Mehemet
- Hignau Mustafa
- Cademly Mustafa
- Uschiufly Memy
- Kari Mora
- Darius Pasha
- Piali Osman
- Tursun Osman
- Iosul Piali
- Keduk Seydi

LA FLOTTA TURCA-OTTOMANA

Il comando supremo della flotta turca ottomana fu ricoperto da Müezzinzade Alì Pascià.

In contrasto ai loro coevi occidentali, i turchi registravano le proprie navi solo secondo il nome del loro comandante. I nomi delle navi turche sono quindi andati persi.

Ala sinistra
Al comando di Uluch Alì (61 galee, 32 galeotte)

Galee turche (Costantinopoli) (14)
- Nasur Ferhad
- Kasam Reis
- Osman Reis
- Kiafi Hajji
- Ferhad Ali
- Memi Bey
- Piri Osman
- Piri Reìs
- Selim Basti
- Talatagi Reis
- Celebi Reis
- Tartar Ali
- Kafir Hajji
- Karaman Pascià

Galee barbaresche (algerine) (14)
- Uluç Alì Pascià - Comandante dell'Ala
- Karl Ali
- Karaman Ali
- Alemdar Pascià
- Sinian Celebi
- Amdjazade Mustafa
- Dragud Ali
- Seydi Ali
- Peri Selim
- Murad Darius
- Uluç Reis
- Macasir Ali
- Ionas Osman
- Salim Deli

Galee siriane (6)
- Kara Bey
- Dermat Bey
- Osman Bey
- Iusuf Ali
- Kari Alemdar
- Murad Hasan

Galee anatoliche (13)
- Karali Reis
- Piriman Reis
- Hazuli Sinan
- Chios Mehemet
- Hignau Mustafa
- Cademly Mustafa
- Uschiufly Memy
- Kari Mora
- Darius Pascià
- Piali Osman
- Tursun Osman
- Iosul Piali
- Keduk Seydi

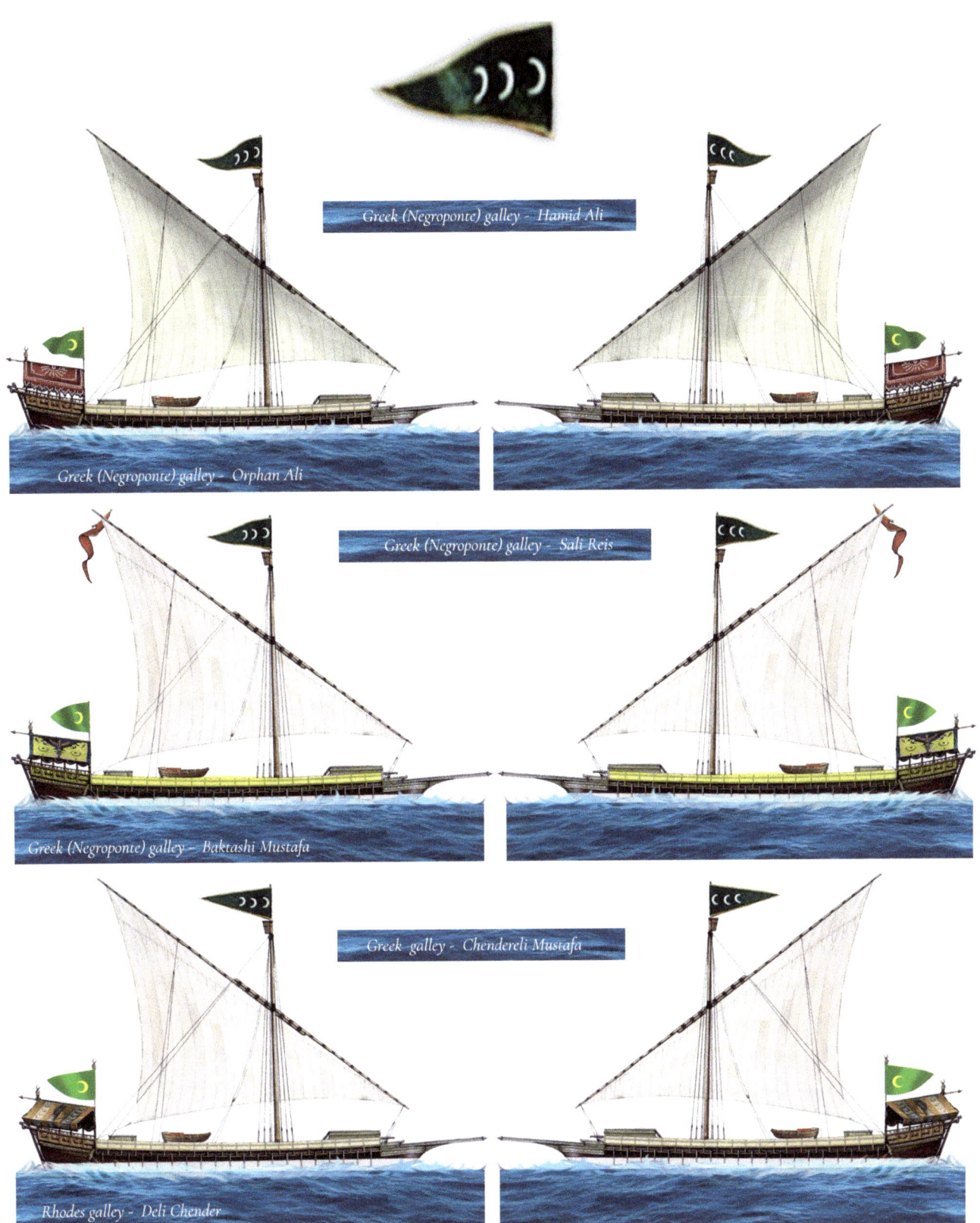

Ottoman "Galleys" Greek and Rhodes size: length 50 meter, width 7 meter and number of guns: 4
Galee ottomane (Greche e Rodi). Dimensioni 50 metri in lunghezza, ponte largo 7 metri con 4 cannoni

Greek (Negropont) Galleys (14)
- Seydi Reis
- Arnaud Ali
- Chendereli Mustafa
- Mustafa Hajji
- Sali Reis
- Hamid Ali
- Karaman Hyder
- Magyar Fehrad
- Nasur Ferhad
- Nasi Reis
- Kara Rhodi
- Kos Hajji
- Kos Mend
- Karam Bey (Albanian)

Turkish (Constantinople) Galliots (19)
- Uluj Piri Pasha
- Karaman Suleiman
- Haneshi Ahmed
- Hyder Enver
- Nur Memi
- Karaman Reis
- Kaleman Memi
- Guzman Ferhad
- Hunyadis Hasan
- Kemal Murad
- Sarmusal Reis
- Tursun Suleiman
- Celebi Iusuf
- Hascedi Hassan
- Sian Memi
- Osman Dagli
- Karaman Reis
- 2 unnamed Turkish galiots

Albanian Galiots (8)
- Deli Murad
- Alemdar Reis
- Sian Siander
- Alemrdar Ali
- Hasan Omar
- Seydi Aga
- Hasan Sinam
- Jami Fazil

Anatolian Galiots (5)
- Kara Alemdhar
- Suzi Memi
- Nabi Reis
- Hasan Osman
- Hunyadi Iusuf

Centre Division
Commanded by Müezzinzade Ali Pasha (87 galleys divided into the First Line (among which are the fittest and newest galleys of the fleet) and the Second Line)

First Line
Turkish (Constantinople) Galleys (22)
- Müezzinzade Ali Pasha, *Sultana* – Fleet flagship
- Osman Reis – Wing commander
- Portasi Pasha – Commander, embarked troops
- Hasan Pasha (son of Barbarossa)

Ottoman "Galleys" Anatolian. size: length 50 meter, width 7 meter and number of guns: 4
Galee ottomane (Anatolia). Dimensioni 50 metri in lunghezza, ponte largo 7 metri con 4 cannoni

Hasan Reis
Kos Ali
Kilik Reais
Uluj Reis
Piri Uluj Bey
Dardagan Reis – Governor of the Arsenal
Deli Osman
Piri Osman
Demir Celebi
Darius Haseki
Sinian Mustafa
Heseki Reis
Hasan Uluj
Kosem Iusuf
Aga Ahmed
Osman Seydi
Darius Celebi
Kafar Reis

Rhodes Galleys (12)
Hasan Rey – Governor of Rhodes (L)
Deli Chender – Warden of Rhodes (L)
Osa Reis
Postana Uluj
Khalifa Uluj
Ghazni Reis
Dromus Reis
Berber Kali
Karagi Reis
Occan Reis
Deli Ali
Hajji Aga

Black Sea (Bulgarian and Bithynian) Galleys (13)
Prauil Aga
Kara Reis
Arnaud Reis
Jami Uluj
Arnaud Celebi
Magyar Ali
Kali Celebi
Deli Celebi
Deli Assan
Kamen Aga
Sinian Reis
Kari Mustafa
Seydi Arnaud

Gallipoli Galleys (4)
Piri Hamagi
Ali Reis
Iusuf Ali
Sinian Bektashi

Greek (Negropont) Galleys (11)
Osman Reis
Mehmed Bey – Governor of Metelina
Baktashi Uluj
Baktashi Mustafa
Sinian Ali
Agdagi Reis
Deli Iusuf
Orphan Ali

Hasan Rais
Kos Ali
Kilik Rais
Uluj Rais
Piri Uluj Bey
Dardagan Rais - Governatore dell'Arsenale
Deli Osman
Piri Osman
Demir Celebi
Darius Haseki
Sinian Mustafa
Heseki Rais
Hasan Uluj
Kosem Iusuf
Aga Ahmed
Osman Seydi
Darius Celebi
Kafar Rais

Galee rodiote (12)
Hasan Rey - Governatore di Rodi
Deli Chender- "Custode" di Rodi
Osa Rais
Postana Uluj
Khalifa Uluj
Ghazni Rais
Dromus Rais
Berber Kali
Karagi Rais
Occan Rais
Deli Ali
Hajji Aga

Galee del Mar Nero (bulgare e bitiniche) (13)
Prauil Aga
Kara Hais
Arnaud Rais
Jami Uluj
Arnaud Celebi
Magyar Ali
Kali Celebi
Deli Celebi
Deli Assan
Kamen Aga
Sinian Rais
Kari Mustafa
Seydi Arnaud

Galee di Gallipoli (4)
Piri Hamagi, Signore di Moria
Ali Rais
Iusuf Ali
Sinian Bektashi

Galee greche (Negroponte) (11)
Osman Rais
Mehmed Bey - governatore di Metelina
Baktashi Uluj
Baktashi Mustafa
Sinian Ali
Agdagi Rais
Deli Iusuf
Orphan Ali

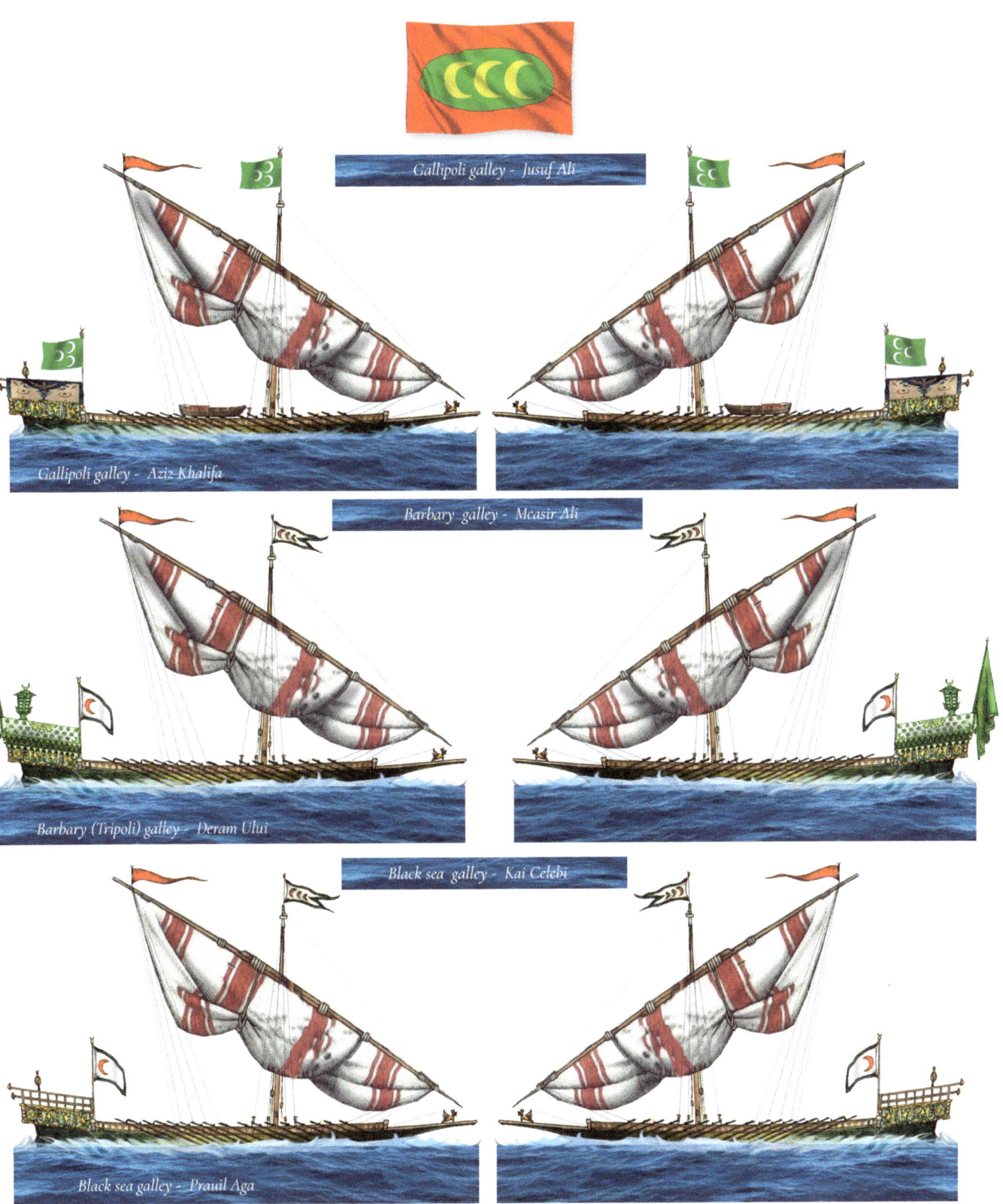

Ottoman "Galleys" Black sea, Gallipoli & Barbarian. size: length 50 meter, width 7 meter and number of guns: 4
Galee ottomane (Mar nero, Gallipoli e Tripoli). Dimensioni 50 metri in lunghezza, ponte largo 7 metri con 4 cannoni

Cali Celebi
Bagdar Reis
Hanyadi Mustafa

Second Line

Constantinople Galleys (12)
Tramontana Reis
Murad Reis
Suleiman Celebi
Deli Ibrahim
Murad Korosi
Darnad Ali
Kari Reis
Darius Sinian
Dardagi Ali
Hyder Carai
Darius Ali
Kan Ali

Barbary (Tripoli) Galleys (6)
Hyder Aga
Kari Hamat
Husam Kahlim Ali
Deram Uluj
Deydi Ali
Mohammed Ali

Gallipoli Galleys (7)
Aziz Khalifa – Governor of Gallipoli
Selim Sahi
Seydi Pasha
Hasan Mustafa
Hasseri Ali
Hassan Deli
Iusuf Seydi

Right Wing
Commanded by Mehmed Siroco (60 galleys and 2 galiots)

Turkish (Constantinople) Galleys (20)
Suleiman Bey
Kara Mustafa
Ibrahim Reis
Suleiman Reis
Karaman Ibrahim
Chender Sinian
Hasan Nabi
Ali 'Genoese'
Hali Reis
Seydi Selim
Kumar Iusuf
Bardas Celebi
Bardas Hasan
Fazil Ali Bey
Drusari Piri
Koda Ali
Sinaman Mustafa
Caracoza Ali
Mustafa Alendi
Marmara Reis

Babary (Tripoli) Galleys (5)
Arga Pasha
Arnaut Ferhad
Darnad Iusuf

Cali Celebi
Bagdar Rais
Hanyadi Mustata

Seconda linea

Galee turche (Costantinopoli) (12)
Tramontana Rais
Murad Rais
Suleiman Celebi
Deli Ibrahim
Murad Korosi
Darnad Ali
Kari Rais
Darius Sinian
Dardagi Ali
Hyder Carai
Darius Ali
Kan Ali

Galee berbere (Tripoli) (6)
Hyder Aga
Kari Hamat
Husam Kahlim Ali
Deram Uluj
Deydi Ali
Mohammed Ali

Galee di Gallipoli (7)
Aziz Khalifa - Governatore di Gallipoli
Selim Sahi
Seydi Pascià
Hasan Mustafa
Hasseri Ali
Hassan Deli
Iusuf Seydi

Ala destra
Al comando di Mehmet Sulik Pascià (60 galee e 2 galeotte)

Galee turche (Costantinopoli) (20)
Suleiman Bey
Kara Mustafa
Ibrahim Rais
Suleiman Rais
Karaman Ibrahim
Chender Sinian
Hasan Nabi
Ali *il Genovese*
Hali Rais
Seydi Selim
Kumar Iusuf
Bardas Celebi
Bardas Hasan
Fazil Ali Bey
Drusari Piri
Koda Ali
Sinaman Mustafa
Caracoza Ali
Mustafa Alendi
Mamara Rais

Galee berbere (Tripoli) (5)
Arga Pascià
Arnaut Ferhad
Darnad Iusuf

Ottoman "Galleys" Greek Syrian and Turkish size: length 50 meter, width 7 meter and number of guns: 4
Galee ottomane (Greche e Rodi). Dimensioni 50 metri in lunghezza, ponte largo 7 metri con 4 cannoni

Suleiman Reis
Fazil Memi

Anatolian Galleys (13)
Mehemet Bey
Maysor Ali
Amurat Reis
Kalifi Memi
Murad Mustafa
Hyder Mehmet
Sinian Darius
Mehmet Darius
Amdjazade Simian
Adagi Hasan
Sinjji Musafa
Hajji Cebebi
Tursan Mustafa

Egyptian (Alexandrian) Galleys (22)
Mehmed Siroco (wing commander)
Kari Ali
Herus Reis
Karas Turbat
Bagli Serif
Hasan Celebi
Osman Celebi
Dink Kasai
Osman Occan
Darius Aga
Drazed Sinian
Osman Ali
Deli Aga
Dardagut Bardabey
Kasli Khan
Iusuf Aga
Iusuf Magyar
Khalifa Hyder
Mustafa Kemal
Dernadi Piri
Memi Hasan
Kari Ali

Egyptian (Alexandrian) Galiots (2)
Abdul Reis
Piali Murad

Rearguard
Commanded by Amuret Dragut Rais (8 galleys and 22 galiots)

Greek (Negropont) Galleys (4)
Amuret Dragut Reis
Kaidar Memi
Deli Dori
Hasan Sinian

Anatolian Galleys (4)
Deli Suleiman
Deli Bey
Kiafar Bey
Kasim Sinian

Mixed Squadron of Galiots (22)
Ali Uluj
Kara Deli
Ferhad Kara Ali

1571 SOLDIERS OF THE TURLISH-OTTOMAN ARMY AT THE BATTLE OF LEPANTO

▲ The commanders of the two fleets: Don Giovanni d'Austria and Müezzinzade Alì Pascià

Dardagud Reis	Dardagud Rais
Kasim Kara	Kasim Kara
Hasan Reis	Hasan Rais
Alemdar Hasan	Alemdar Hasan
Kos Ali	Kos Ali
Hajji Ali	Hajji Ali
Kurtprulu Celebi	Kurtprulu Celebi
Setagi Meni	Setagi Meni
Setagi Osman	Setagi Osman
Hyder Ali	Hyder Ali
Hyder Deli	Hyder Deli
Armad Memi	Armad Memi
Hasan Reis	Hasan Rais
Jami Naser	Jami Naser
Nur Ali	Nur Ali
Kari Ali	Kari Ali
Murad Ali	Murad Ali
Iumaz Ali	Iumaz Ali
Haneschi Murad	Haneschi Murad

1571 SOLDIERS OF THE TURKISH-OTTOMAN ARMY AT THE BATTLE OF LEPANTO

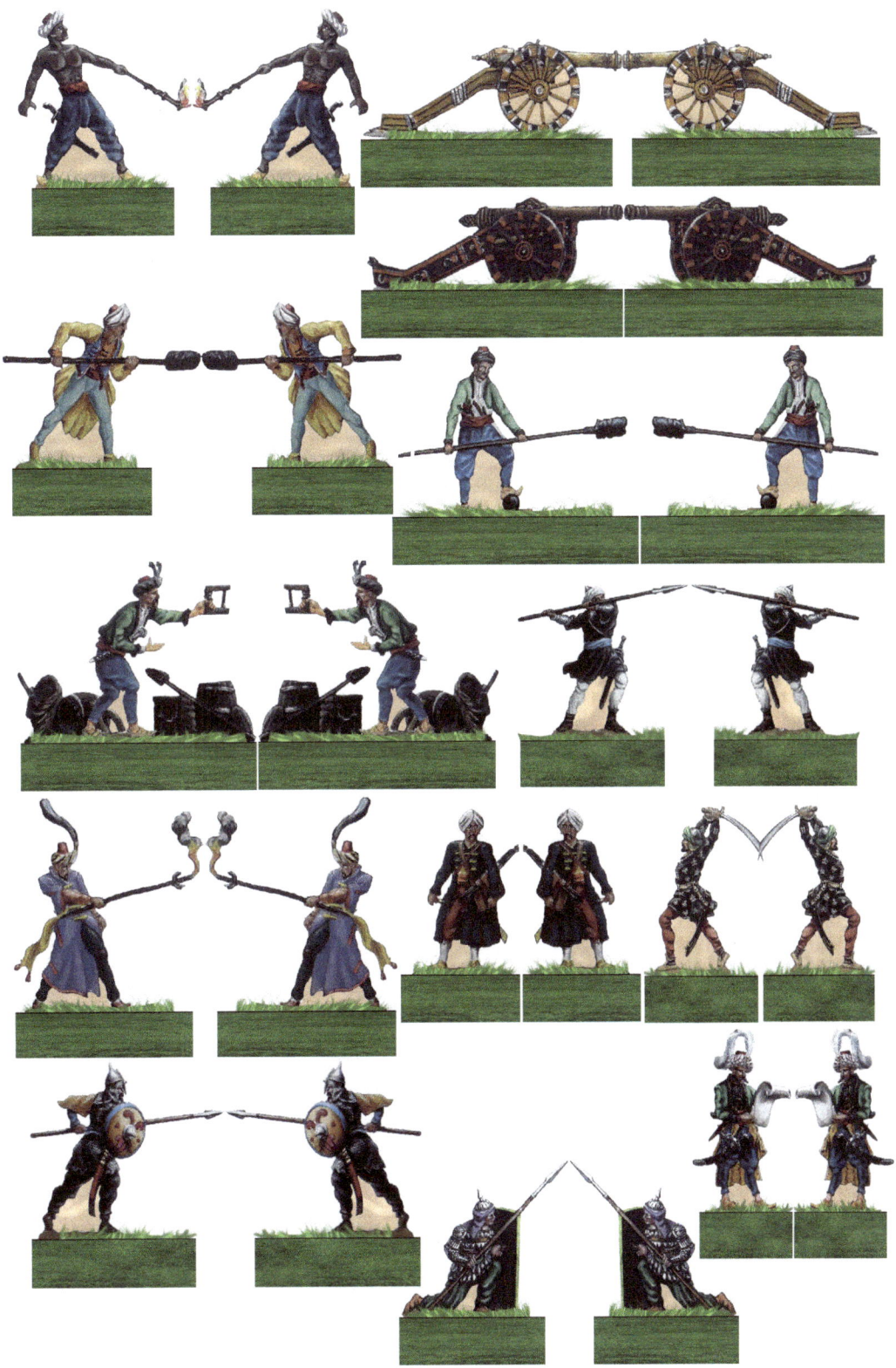

7 OCTOBER 1571: THE BATTLE
7 OTTOBRE 1571: LA BATTAGLIA

The Christian fleet, which concentrated on Messina at the end of August 1571, received invitations from Christian monarchs and politicians to maintain as much as possible a prudent line, actually remaining on the defensive. The indomitable son of Carlo V, the commander in chief of the fleet, Dion Giovanni of Austria, was not of this opinion, however, and he was fully supported in this by the Venetians and by many restless Spanish colonels in his service who were waiting for action! *"But Don Giovanni listened only to the Venetian chiefs and those Spanish captains of his circle who insisted on the action; and, having made the decision, he dedicated himself to the task with the exclusive ardor of his temperament".*
So it was that at his orders the large fleet used maximum energy to locate and tackle the Ottoman fleet. This fleet, after having gone as far as halfway up the Adriatic Sea, had prudently returned to Lepanto, to take on new crews and new supplies. The Christian fleet consisted of 208 galleys, and the Turkish fleet of 216 galleys and at least another seventy or so smaller galleys and drums. One hundred and nine galleys were the ships made available by Venice, including the formidable and resolutive six galleasses.
Venice was certainly the strongest ally of the Holy League, even if, due to the scarcity of men, the crews were reinforced with Spanish arquebusiers. 36 ships came from Naples and Sicily; twenty-two from Genoa, under the command of the Doria; 20 from the Papal States (Tuscany above all) and from other Italian States; fourteen from Spain in the strict sense, since the Neapolitan and Sicilian vessels were also considered Spanish, and finally three from Malta and three from Savoy. The numerical superiority of the Turks, the orders given by the Sultan and the personal temperament of Alì Pascià induced the commander-in-chief of the Turkish fleet not to evade combat. As the fleets approached, the banner of the League, offered by St. Pius V, which carried the Crucifix with the arms of the Pope, Venice and Spain at its feet, was raised on the galley of John of Austria, the Royal. An indelible sign that had to remind everyone of the importance of the cause for which they fought and that the Crucifix was their true commander.
On board of each ship there was a Capuchin intent on preaching and confessing all the men and in the end the crews launched their war cries high. At the sound of trumpets and drums the Christian crews prepared themselves for the clash that they knew

La flotta cristiana che andò concentrandosi su Messina alla fine di agosto del 1571 ricevette inviti da parte dei monarchi e politici cristiani a mantenere quanto più possibile una linea prudente, mantenendosi di fatto sulla difensiva. Non era però di questo avviso l'indomito figlio di Carlo V, il comandante in capo della flotta, Dion Giovanni d'Austria, in ciò pienamente supportato dai veneziani e da molti irrequieti colonnelli spagnoli al suo servizio che ardevano per la pugna! *"Ma don Giovanni prestò ascolto soltanto ai capi veneziani e a quei capitani spagnoli della sua cerchia che insistevano per l'azione; e, presa la decisione, si dedicò al compito con l'ardore esclusivo del suo temperamento".*
Fu così che ai suoi ordine la grande flotta impiegò la massima energia per scovare e affrontare la flotta ottomana. Questa dopo essersi spinta fino a metà Adriatico, era prudentemente rientrata a Lepanto, per imbarcare nuovi equipaggi e nuovi viveri. La flotta cristiana era composta da 208 fra galee, e galeazze quella turca da 216 galee e almeno una altra settantina di galeotte e fuste. Centonove galee erano le navi messe a disposizione da Venezia, fra cui le formidabili e risolutive sei galeazze. Venezia era certamente l'alleato più forte della Lega Santa, anche se, per la scarsezza di uomini, gli equipaggi erano stati rinforzati con archibugieri spagnoli. 36 legni provenivano da Napoli e dalla Sicilia; ventidue da Genova, al comando del Doria; 20 dagli Stati pontifici (toscana soprattutto) e da altri Stati italiani; quattordici dalla Spagna in senso stretto, visto che erano considerati spagnoli anche i vascelli napoletani e siciliani, ed infine tre da Malta e tre dalla Savoia La superiorità numerica dei turchi, gli ordino avuti dal sultano e il temperamento personale di Alì Pascià indussero il comandante in capo della flotta turca a non sottrarsi al combattimento. Mentre le flotte si avvicinavano fu inalberato sulla galea di Giovanni d'Austria, la Real, lo stendardo della Lega, offerto da san Pio V, che recava in campo cremisi il Crocifisso con, ai piedi, le armi del Pontefice, di Venezia e della Spagna. Segno indelebile che doveva ricordare a tutti l'importanza della causa per cui combattevano e che il Crocifisso era il loro vero comandante. A bordo di ogni nave si trovava un cappuccino intento a predicare e confessare tutti gli uomini e alla fine gli equipaggi lanciarono alto il loro grida di guerra. Al rullare di trombe e tamburi

Lepanto battle: Fires and explosions *Battaglia di Lepanto fuoco ed esplosioni*

would be very hard. While their galleys "rode in beautiful ordinance", i.e. standing very close to narrow ranks to prevent the enemy from penetrating the Christian front, the sea was calm and well suited to the biggest rowing battle in history.

The battle was ignited immediately, after the first cannon shots had been fired from the larger boats. The Genoese admiral Gian Andrea Doria, at the head of the right wing of the Christian lineup, was forced to widen to avoid the circumvention manoeuvre attempted by the Turkish ships that had in front commanded by Euldj-Ali. The battle, however, was decided in the centre where the six galleys were positioned, real battleships in advance. The artillery of the six Venetian galleys, heavily armed, towed in the front row by lighter and more agile galleys, was the keystone that allowed to throw the heart of the enemy's line-up into the most terrible chaos.

The numerical and technical superiority of the Christian infantry in the series of close combat between individual groups of galleys was also decisive. In contrast, many crews of Christian rowers tied in chains sacrificed themselves to help the Christian victory on the Turkish woods. Many were the episodes of heroism and not a few galley commanders lost their lives in the clash or in the following days because of their wounds. Among them, also the second Venetian commander, Agostino Barbarigo, was mortally wounded. The valour of Don Giovanni has been mentioned; we should also remember the great contribution of Marcantonio Colonna and the seventy-five year old Venetian commander Sebastiano Venier. The proportions of the bloody battle are highlighted by the losses. The casualties on the Christian side were about 8 thousand with 15 galleys lost, the Turkish ones over 30 thousand, and many others captured. Among the victims was also the commander of the fleet Ali Pasha. Only thirty Turkish ships managed to escape capture. More than 100 were captured and the rest sunk. Unfortunately, in the long run, as the beautiful study of Alessandro Barbero in his beautiful book on the battle recalls, this was a victory without consequences. In fact, already in the following months the victory was not fully exploited. Soon ancient contrasts re-emerged among the winning powers. In 1575 Venice was weakened by a terrible pandemic and ended up with a separate peace with the Turkish. In 1578 Don Giovanni of Austria died suddenly at the young age of 31. Finally it is useful to remember that that war, fought to save the island of Cyprus, was finally won by the Turks.

le ciurme cristiane si preparavano allo scontro che sapevano duro. Mentre le loro galee "vogavano in bellissima ordinanza", cioè stando molto vicine a ranghi stretti per impedire al nemico di penetrare nel fronte cristiano. Il mare era calmo e ben si prestava alla più grande battaglia a remi della storia. La battaglia si accese immediatamente, dopo che dalle imbarcazioni maggiori erano partiti i primi colpi di cannoni. L'ammiraglio genovese Gian Andrea Doria, a capo dell'ala destra dello schieramento cristiano, era costretto ad allargarsi per evitare la manovra di aggiramento tentata dalle navi turche che aveva di fronte comandato da Euldj-Ali. La battaglia tuttavia si decise nel centro dove stavano posizionate le sei galeazze, vere e proprie corazzate anzitempo. Le artiglierie delle sei galeazze veneziane, pesantemente armate, rimorchiate in prima fila da più leggere e agili galee, fu la chiave di volta che permise di gettare nel caos più terribile il cuore dello schieramento nemico. Decisiva fu anche la superiorità sia numerica che tecnolgica delle fanterie cristiane nella serie dei combattimenti ravvicinati tra singoli gruppi di galee. Mentre sui legni turchi non pochi equipaggi di rematori cristiani legati in catene si sacrificarono per aiutare la vittoria cristiana. Molti furono gli episodi di eroismo e non pochi comandanti di galee persero la vita nello scontro o nei giorni successivi per le ferite riportate. Fra essi, anche il comandante in seconda veneziano, Agostino Barbarigo, venne ferito mortalmente. Del valore di don Giovanni si è detto; va anche ricordato il grande apporto di Marcantonio Colonna e del settantacinquenne comandante veneziano Sebastiano Venier. Le proporzioni della sanguinosa battaglia sono evidenziate dalle perdite. I caduti della parte cristiana furono circa 8 mila con 15 galee perse, quelli turchi oltre 30 mila, e molti altri quelli catturati. Fra i caduti anche il comandante della flotta Ali pascià. Solo trenta navi turche riuscirono a sottrarsi alla cattura. Oltre 100 furono quelle catturate ed il resto affondate. Purtroppo alla lunga, come ricorda il bello studio di Alessandro Barbero nel suo bel libro sulla battaglia, questa fu una vittoria senza conseguenze. Infatti già nei mesi successivi la vittoria non fu sfruttata a fondo. Presto fra le potenze vincitrici riemersero antichi contrasti. Nel 1575 Venezia fu fiaccata da una terribile epidemia e finì con l'intavolare una pace separata col turco. Nel 1578 don Giovanni d'Austria, morì improvvisamente giovanissimo a soli 31 anni. Infine è utile ricordare che quella guerra, combattuta per salvare l'isola di Cipro, alla fine la vinsero i turchi.

PAPER BATTLE&DIORAMAS PUBLISHED AND IN WORKING

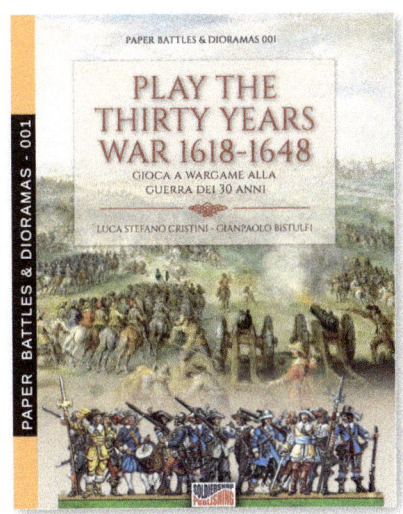
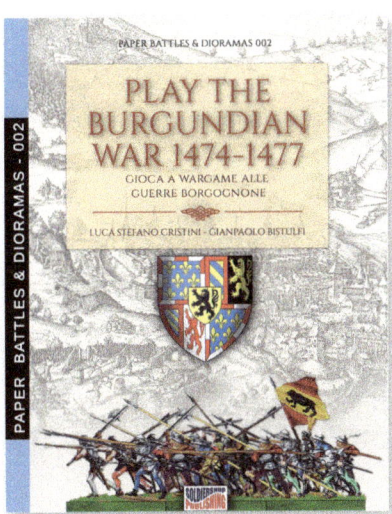
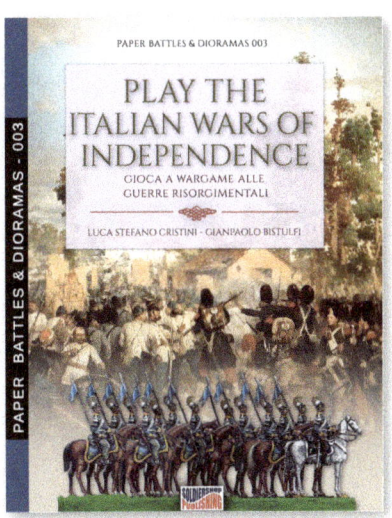
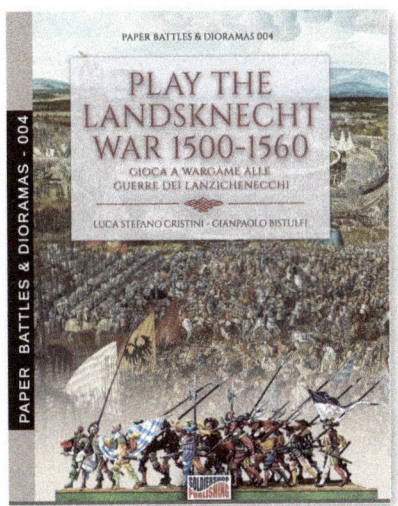
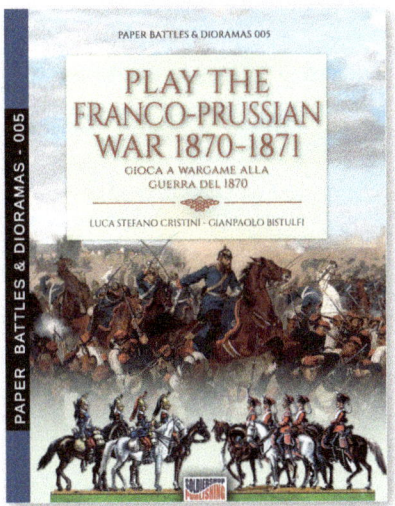
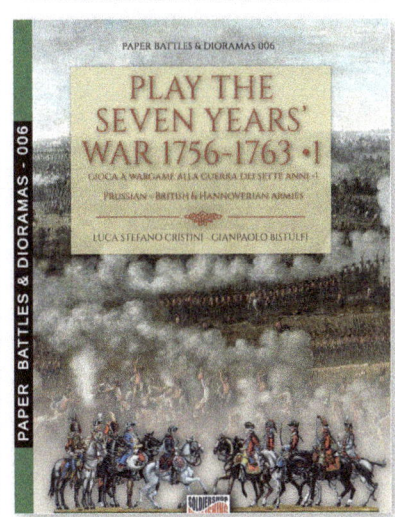
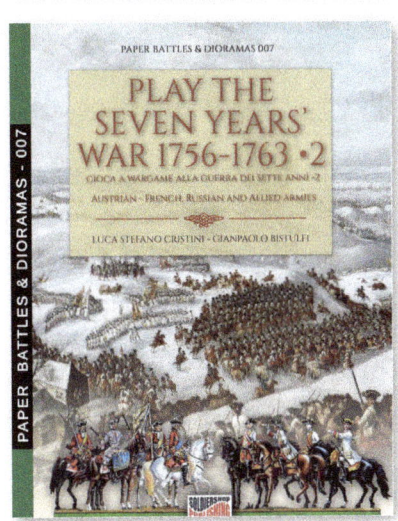
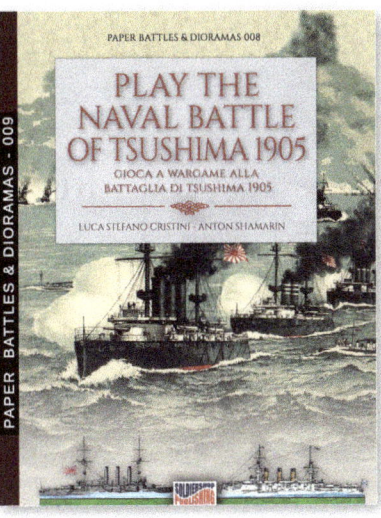
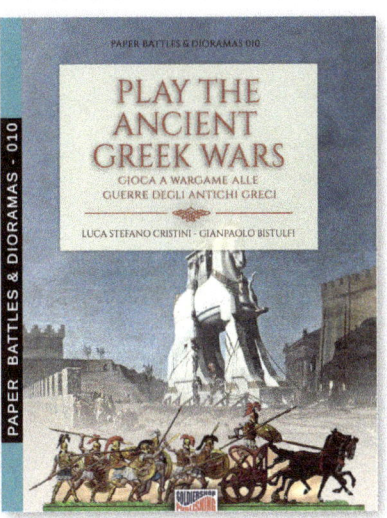

www.ingramcontent.com/pod-product-compliance
Ingram Content Group UK Ltd.
Pitfield, Milton Keynes, MK11 3LW, UK
UKHW060214240426
12048UKWH00031BB/1717